改訂新版

マンション管理士の仕事と開業がわかる本

三村正夫 著

セルバ出版

改訂版新版　はじめに

この度は、本書を手にしていただき感謝申し上げます。

マンション管理士という国家資格が平成13年に誕生して20年が経過しました。

平成13年のこの国家資格の受験には、約10万人が挑戦して、日本経済新聞に大きく報道されました。当時、これからの有望資格と言われていたと思います。ところが、その後、毎年受験者は減少して、令和2年には1万2198人までになりました。

現在のマンション管理士の登録人数は、全国で2万5660人です（令和2年3月31日現在）。管理士の試験合格者は、令和2年までに3万8583人です。合格者の約7割が登録している状態です。そんな中、専業でマンション管理士の業務をこなしている人は全国で約100名ほどではないか、またその100名のほとんどが東京・大阪などの大都市で開業している方ではないかと言われています。

私は、金沢で平成15年に登録して今年で18年目を迎えました。私も、マンション管理士の登録はしたものの、これに関する業務でどれだけの売上があったでしょう。

正直、シルバー人材センターの依頼によるマンション管理人の養成講座を毎年1週間ほど実施してきた報酬というのが唯一の売上です。20万円前後が年間の報酬内容です。

本書を手に取られた多くのマンション管理士の方も、大半は私と似たり寄ったりではないでしょうか。中には、俺はもっと稼いでいるぞと頑張っておられる方もおられると思います。

私がマンション管理士会の代表理事をやっている団体の会員においては、いざマンションの建替えの案件になってくると、基本的に実務経験が少なく、的確なアドバイスができるか自信がないなど現実問題としてあります。例えば、修繕積立金などの建替えの案件になると、会員である1級建築士に相談をお願いするといった対応になってしまうわけです。

思うに、建築の実務にあまり明るくない、多くのマンション管理士の方であれば、ハードの面でなくソフト面、いわゆる管理規約の見直しとか、管理組合からの依頼を受けたマンション管理適正化診断サービス業務とかいったソフト面をさらに磨いていくべきではないかと思います。

日常的に社会保険労務士の業務の中で、就業規則の見直しをよくやります。その経験から比較すれば、管理規約の改定に関しては幸い国土交通省が管理規約のひな型を作成してくれていますから、マンション管理規約の見直しの業務はやりやすい業務の1つではないかと思われます。

例えば、「マンション管理規約は国道交通省が改正版のひな型を公表しており、管理規約の見直しが必要かもしれませんよ」などといった切口でいけば、市場はかなり残されていると思います。

全国に分譲マンションは、約655万戸あると言われており、1つのマンションで平均60戸ほどであるとすれば、マンションは全国で10万棟ほど存在することになります。

仮に登録管理士の1割約2000人が専業化したとき、1人で50棟ほど担当しないとカバーできなくなってきます。つまり、規約の見直しなどまだまだ市場は残っており、マンションが増え続ける限り、この業務も増え続けていくことになります。

また、令和4年4月からマンション管理適正化法の改正で新設されたマンションの管理計画認定制度が新たにスタートします。市町村への認定申請は任意ですが、マンションの将来における資産価値について認定を受けていれば、転売時にも評価が上がってくることになるのではないかと思われます。したがって、今後マンションの認定申請においては、益々マンションのコンサルタントであるマンション管理士の活躍の場面が今後拡大していくものと確信しております。

日本の男性の4人に1人、女性の7人に1人が生涯独身という時代で、なおかつ高齢化社会です。今後マンションの管理が複雑化してくることはあっても、単純化することはあり得ないでしょう。せっかく難しいマンション管理士の資格を取得されて、マンション管理士会のメンバーになっているわけです。地方だからこそ、同業者同士の競合も少なく、開拓しやすい市場ではないかと思います。経営の世界では、ある分野で1位になることが一番の利益につながると言われています。したがって、地方においては、一刻も早く立ち上がったマンション管理士がその地域でナンバー1になれる確率はむしろ東京・大阪よりも高いのです。私は、地方のマンション管理士においては、「地方こそ今がチャンス！　立ち上がれ！」と声を大にして申し上げたいと思います。

今1度マンション管理士の仕事の面白さと、社会的使命について考えるキッカケの1つになれば、この上ない喜びです。

なお、今回の改訂新版では、改正マンション管理適正化法の関係事項等を織り込んでいます。

２０２１年10月

三村　正夫

改訂新版　マンション管理士の仕事と開業がわかる本　目次

第2章　マンション管理士の年収は

第3章　石川県マンション管理士会の組織とその現状（地方の事例として）

第4章　今後のマンション管理士の課題

第5章　どのようにして開業・独立するか

第6章　人手不足・高齢化社会でのマンション管理士の魅力

第7章　マンション管理士が立ち上がれば日本のマンション価値は高まる

第1章　地方のマンション管理士の現状

1　マンション管理士の資格はいかにして誕生したか

築30年超えマンションは大規模修繕を控える

今日の日本のマンションは、図表1のように約675万戸を超えるといわれています。そのうち3戸に1戸は、すでに築30年を超えています。

また、図表2のように、あと10年で築30年を超えるマンションが約400万戸を超えるといわれています。

築30年を超えたマンションは、大規模修繕という大きな課題に直面することになります。

このような日本のマンションの現状から、マンションの良好な住環境を確保していく必要性が、日本の社会の中で生じてきました。

マンション管理士資格の誕生

その結果として、専門知識を持った国家資格者の養成が急務となってきたため生まれた資格が、マンション管理士です。２００１年施行の「マンション管理適正化法」に基づき正式に誕生しました。したがって、この資格は、誕生してまだ19年という国家資格の中ではまだ新しい資格であるといえます。

【図表１　分譲マンションストック戸数】

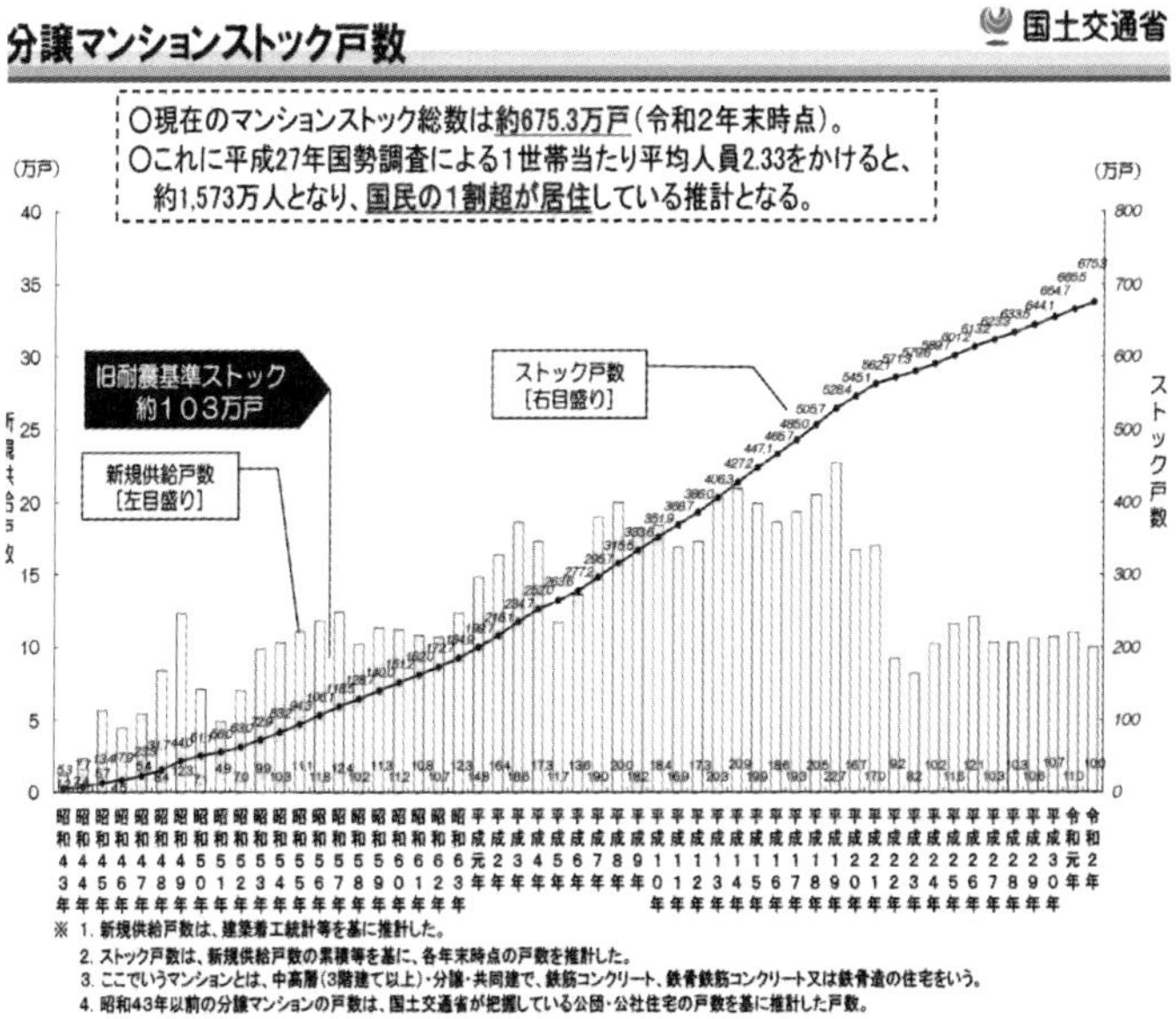

出所：国土交通省ホームページより

【図表２　築後30年、40年、50年超の分譲マンション数】

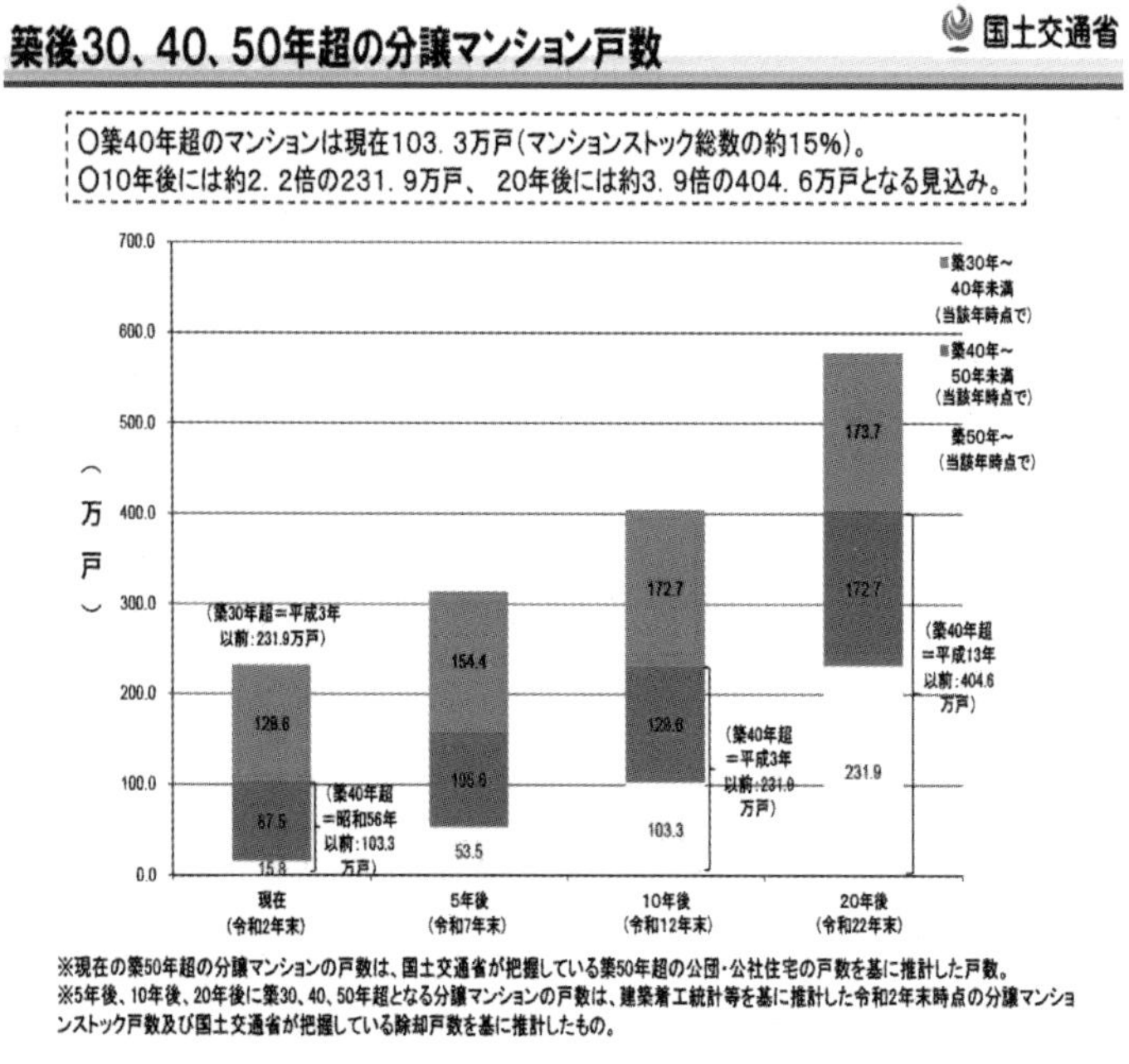

出所：国土交通省ホームページより

この資格が誕生するまでは、分譲マンションで管理費や修繕積立金の滞納やマンションの管理組合の運営の中で居住者とのトラブルが生じた場合、管理している管理会社があればまず第一には管理会社に相談されており、また、訴訟等にまでなれば弁護士に依頼して解決を図るというのが一般的な流れではなかったかと思います。管理組合の総会等では、組合員相互での理解不足もあり、組合独自に解決できるケースは少ないのではないかと思われます。

また。弁護士の先生にしても、マンション管理適正化法や区分所有法などは、弁護士試験で勉強することもないので、本当にマンション管理に詳しい方がいないというのが現状かと思われます。

さらには、管理会社にしても、本当に会社の利益優先ではなく、中立な立場でトラブルを解決してくれるかというと、疑問の残るところです。

このような現実を考えると、この新しくできたマンション管理士は、まさにその専門家としての能力がフルに発揮される資格者ではないかと確信しています。

私は、２００２年の２回目の受験でギリギリでやっと合格できました。

２００１年に保険会社を45歳で早期退職して、社会保険労務士として開業したての時期で、本業があまり多忙な時期でもなかったため、受験してみたら合格できたのではないかと今振り返ると思われます。

サラリーマンのときから、資格マニア的なところもあり、宅地建物取引主任者（現在は宅地建物取引士）の資格を取得したり、行政書士などの資格もすでに取得していました。この新資格に挑戦してみたいと思ったのも受験の動機の1つであったと思います。

読者の皆さんも、私のような動機で受験をされた方も多いのではないかと思います。なぜなら合格者のいろいろな方とお話していると、宅地建物取引士の資格を持った方が多いからです。

もちろん、不動産関係のお仕事されているので取得されている方も多いと思います。

管理業務主任者とは

この資格と同時期に誕生した資格で管理業務主任者という国家資格もありますが、私も受験して取得しています。なぜならマンション管理士と同じような受験科目でもあるためです。

不動産業では、宅地建物取引士という資格が開業要件の1つですが、この管理業務主任者も管理業者にとっては同じような立場の資格です。マンション管理士がマンション管理組合を中立な立場でコンサルタントするのに対して、管理業務主任者は管理会社の立場で勤務することになります。

このようなことから、多くの読者の方も取得されているのではないかと思います。

コンサルタント類似資格

また、コンサルタントの類似資格として、マンション管理士はマンションの管理組合のコンサルタントであるのに対して、会社経営のコンサルタントとして昭和27年にその誕生の歴史をもつ中小企業診断士という国家資格もあります。

中小企業診断士は、今日の日本ではメジャーな資格になってきています。

しかし、誕生した当時は、現在のマンション管理士よりも認知度は低かったのではないかと思います。

マンション管理士との共通点は、両資格とも独占業務がないコンサルタントとしての国家資格であるという点です。


中小企業診断士に勝るとも劣らない資格に成長

中小企業診断士は、その歴史も古いのに対して、マンション管理士はまだまだ国家資格としては新しい資格です。

これからの日本の高齢化社会におけるマンションの現状を考えるならば、私は、今後中小企業診断士に勝るとも劣らない、社会的使命のある国家資格に成長していくのではないかと思っております。

読者の多くの方も、私と同じ思いを心の奥底にあるのではないかと思っています。そのために資格を取得したんだと言われそうです。

また、これからマンション管理士の資格を取得してみようと思われる方にも参考にしていただけると確信しています。

本書では、読者の皆さんと、これからマンション管理士の魅力について１つでも多く再確認していただくキッカケの1つになり、開業を考えてみようかと思っていただける人が1人でも立ち上がっていただければと思っています。

2　毎年の合格者と登録者の推移

受験内容は

マンション管理士の合格者の方は、ご存知かと思いますが、これから受験を考えている方も多いと思いますので、受験の内容について簡単に紹介したいと思います。

マンション管理士の試験は、毎年11月に2時間かけて実施されます。その翌月である12月には、管理業務主任者の試験が同じく2時間かけて実施されます。受験手数料はマンション管理士が9，400円で管理業務主任者が8，900円です（令和3年現在）。

いろいろな資格を比較すると、例えば社会保険労務士が290分（約5時間）、行政書士が3時間など受験する資格に応じて受験時間は様々です。

マンション管理士の試験内容は、図表3のとおりです。

このような状況を考えると、マンション管理士の受験は、社会保険労務士や行政書士のように問題の中に記述で回答することがなく、すべての問題が四肢択一の選択問題であり、受験時間も2時間なので、国家資格としては比較的受験しやすい資格ではないかと思います。

【図表３　想定されるマンション管理士試験の内容】

想定されるマンション管理士試験の内容	
(1)　マンション管理に関する法令および実務に関すること	建物の区分所有等に関する法律（区分所有法）、被災区分所有建物に関する特別措置法、マンションの建て替え等の円滑化に関する法律、民法（取引契約等マンション管理に関するもの）、不動産登記法、マンション管理標準管理規約、マンション標準管理委託契約書、マンションの管理に関するその他の法律（建築基準法、都市契約法、消防法、住宅の品質確保の促進等に関する法律等）
(2)　管理組合の運営の円滑化に関すること	管理組合の組織と運営（集会の運営等）、管理組合の業務と役割（役員、理事会の役割等）、管理組合に苦情対応と対策、管理組合の訴訟と判例、管理組合の会計
(3)　マンションの建物および付属施設の構造および設備に関すること	マンションの構造・設備、長期修繕計画、建物設備の診断、大規模修繕
(4)　マンション管理の適正化の推進に関する法律に関すること	マンションの管理の適正化の推進に関する法律（マンション管理適正化法）、マンションの管理の適正化に関する指針

国家試験の合格率

次に、合格率について検証してみたいと思います。代表的な国家試験の合格率は、次のような状況です。

・弁護士　令和2年度　39・2％（司法試験旧は合格率3％前後）
・税理士　令和2年度　20・3％（科目別合計延人数）
・社会保険労務士　令和2年度　6・4％
・行政書士　令和2年度　10・7％
・中小企業診断士　令和2年度　1次試験　42・5％、2次試験　18・4％
・宅地建物取引士　令和2年度　13・1％
・マンション管理士　令和2年度　8・6％
・管理業務主任者　令和2年度　23・9％

この合格率のデータをご覧になられていかが思われましたか。

受験者層の違いがあるので一概には判断できませんが、宅地建物取引士よりは難易度の高い資格なのです。

したがって、既に合格している方は、素晴らしい資格を持っておられるのです。自信を持っていただいていい資格なのです。以前はよくマンション管理人の資格ですかと間違われたものですが、現在は多くの方が周知の国家資格となりました。分譲マンションにお住まいの方にはかなり知られてきていると思います。これからマンション管理士として活躍してくる方が多くなってくれば、現在の中小企業診断士のようにメジャーな資格になってくると思っています。

私の今回の出版の動機の1つには、この日本社会の中にマンション管理士が存在しているんだということを日本の社会に改めて広めていきたいという強い思いもあります。

いろいろな資格の合格率を見てきましたが、資格の勉強の面白いのは、1つの資格を取得すると、勉強科目がダブっているので、そのダブった科目のすそ野を広げていくということで、他の資格に挑戦したくなるということも、受験の動機の1つにつながっているいのではないかと思います。

例えば、私のケースでは、宅地建物取引士に合格したことで、勉強した民法をさらに勉強したいということで行政書士への受験への動機となりました。もちろん、マンション管理士も図表3にあるように勉強した民法が生かされるのです。

いかがでしょうか。難関の資格を合格したときの喜びも大きいと思いますが、資格試験を勉強していくと、私の経験からいえば、世の中の仕組みがわかってくるという受験勉強の楽しさ、面白さというのが湧いてくるのではないかと思います。

受験者数と合格率、登録者数の推移

ここまでマンション管理士の合格率を見てきましたが、過去の受験者数と合格率、そして登録者数について考えてみたいと思います　図表4を見ていただきたいと思います。

【図表４　マンション管理士試験　申込者数・受験者数・合格者数】

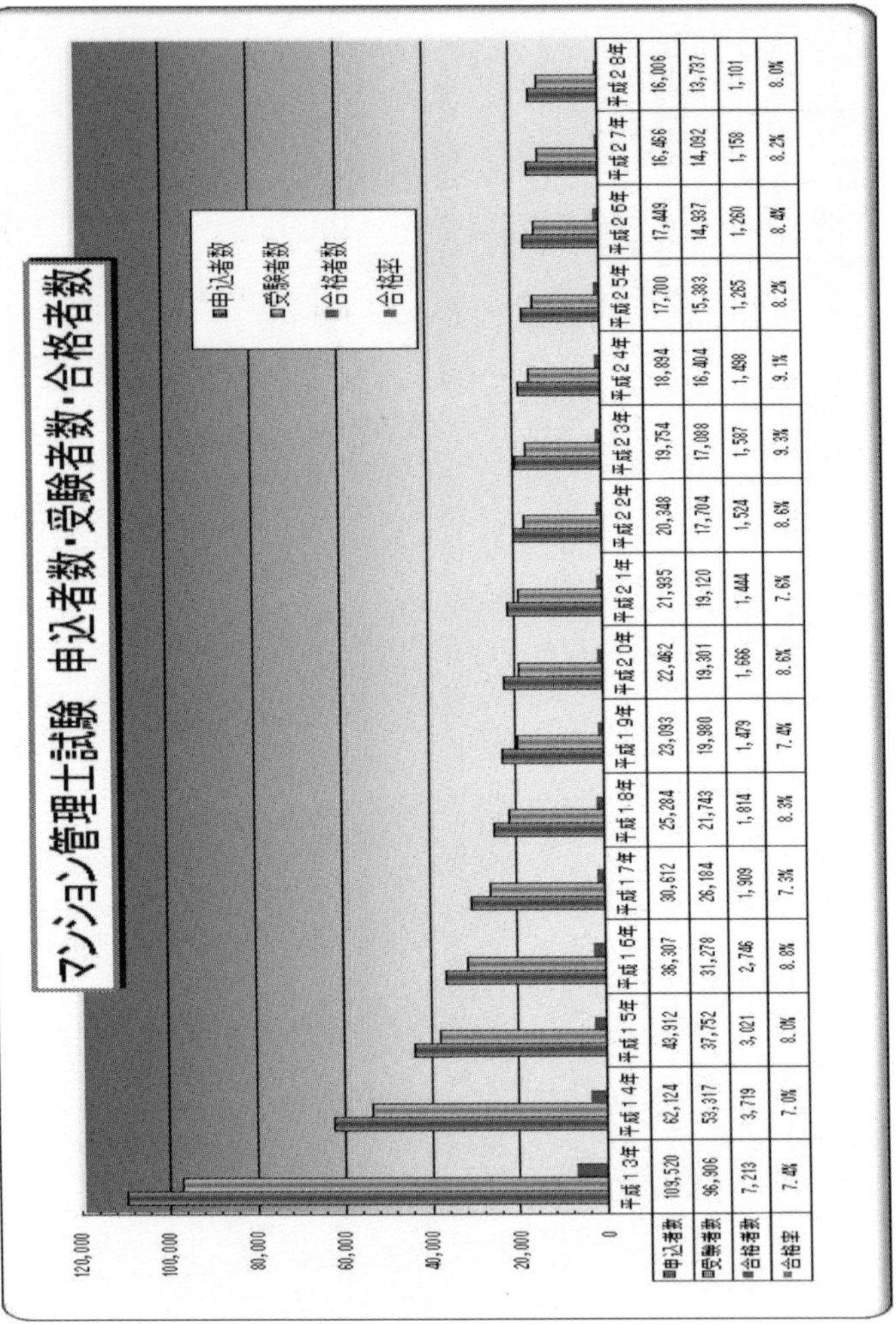

	平成１３年	平成１４年	平成１５年	平成１６年	平成１７年	平成１８年	平成１９年	平成２０年	平成２１年	平成２２年	平成２３年	平成２４年	平成２５年	平成２６年	平成２７年	平成２８年
申込者数	109,520	62,124	43,912	36,307	30,612	25,284	23,093	22,462	21,935	20,348	19,754	18,894	17,700	17,449	16,466	16,006
受験者数	96,906	53,317	37,752	31,278	26,184	21,743	19,980	19,301	19,120	17,704	17,088	16,404	15,383	14,937	14,092	13,737
合格者数	7,213	3,719	3,021	2,746	1,909	1,814	1,479	1,666	1,444	1,524	1,587	1,498	1,265	1,260	1,158	1,101
合格率	7.4%	7.0%	8.0%	8.8%	7.3%	8.3%	7.4%	8.6%	7.6%	8.6%	9.3%	9.1%	8.2%	8.4%	8.2%	8.0%

出所：マンション管理士・香川事務所のＨＰより

この資格ができた当時、約10万人の受験者がありました。令和２年度は受験者数１万２１９８人でした。このように毎年減少傾向にあることがわかります。

原因の1つには、マンション管理士の資格を取得しても食べていくのは難しいのではないかなどといわれている点があります。

これがマンション管理士の現在の資格の人気度であり、また、おかれている現状です。

3　全国のマンション管理士会の実態と現状

マンション管理士会

マンション管理士会とは、税理士会や行政書士会などのように法律で各都道府県に1つ設置しなければならないという法律の定めはありません。したがって、マンション管理士会は、任意団体として全国に設置されています。ただし、私のお隣の県である福井県には、まだマンション管理士会はなく、逆にかつては東京や大阪などでは複数の管理士会が存在していました。

私どもの石川県は、平成24年に一般社団法人石川県マンション管理士会として法人成りして存在しています。

また、強制的に加入を求める法定会ではないので、他の士業のように、会員にならないと仕事ができないということもありません。入会するかどうかは自由ですから、社会保険労務士会のように毎年10万円前後の会費を支払う必要もありません。したがって、比較的開業がしやすい資格ではないかと思います。

私は、本業である社会保険労務士の仕事をする中で、毎年、なぜ社会保険労務士会に会費を支払わないと仕事ができないのかといささか疑問を感じていました。したがって、このマンション管理士の資格は、ある意味開業を前提に考えるのであれば本来のあるべき資格者の姿ではないかと思います。

情報入手のためには入会も

もっとも、仕事をしていく上での情報を入手したり、一般社団法人日本マンション管理士会連合会（日管連）主催の研修会などに参加することで全国のマンション管理士との交流や情報交換が得られるなどは、やはり会に入会していないと得られないものはあります。

全国的な規模のマンション管理士会は、平成19年に発足した全国の都道府県会42団体が加入する一般社団法人日本マンション管理士会連合会です。会員は約１６００名（令和3年5月現在）ほどです。マンション管理士として登録している約1割が加入員です。私が入会している石川県マンション管理士会も日管連のメンバーです。

本書はマンション管理士会連合の合同研修会がきっかけ

実は、私が本書を出版しようと思ったきっかけは、平成29年11月、私が石川県マンション管理士会の会長をしている関係で、日管連の合同研修会を金沢で実施したいという希望があり、私が地方のマンション管理士をテーマにした話を研修会の中ですることになったからです。

全国から１００名ほどの会員の方が来られいろいろなテーマで研修会が行われる中で、地方でもマンション管理士は食える資格と言われなければいけないと思いました。ところが、調べてみるとマンション管理士の開業に関する本があまりにも少ないことがわかり、それではと自ら執筆を思い立ったわけです。

私は、ランチェスター経営で有名な竹田陽一先生の戦略社長塾の塾長をやっている関係で、毎年、数回、社長さんを対象としたセミナーを開催しています。

そのため、主に地方でも食えるマンション管理士の開業本を企画することは大変意義のあることであると思ったのです。

4　独立・開業者の実態

この項では、業界の独立開業者の実態について考えてみたいと思います

兼業で成り立つ

私が日管連の研修会に参加していつも思うのは、この業界は比較的年配者が多いということです。

さらに、平成29年11月の地元金沢での合同研修会のあとの懇親会などでも、様々なマンション管理士の方と交流が得られわかってきたことが多くありました。不動産業と兼業でやっている方とか年金受給者で生活のベースは年金でそのプラス部分をマンション管理士の仕事で開業しているといった方が多かった気がします。

マンション管理士単独で生計を立てている方は少数であると感じました。

顧問先は10組合～15組合・年間売上４８０万円～７２０万円

私がヒアリングした業務実態は、次のようなものでした。

顧問先は、10組合～15組合くらいの方が多数。仮に顧問先が1組合平均月4万円としても10組合で40万円、年間４８０万円。15組合で月額60万円、年間７２０万円の売上です。他の士業から見れば若干少ないかもしれませんが、年金受給者であればこの数字は大きい金額ではないかと思います。

また、この顧問先10組合～15組合程度というのは、業務内容から対応できる上限のようにも思われました。

若い人はねらい目かも

マンション管理組合のコンサルタントとなると年配の方が多いのはわかりますが、若い人が少ないということは、逆に若い人がチャレンジすれば、より活躍しやすい業界ではないかとも言えなくもないと私は感じました。

さらに、この業界にもっとも関連の深い管理会社に勤務の方は、マンション管理士の資格を管理業務主任者の資格と同時に取得されているようです。このようにサラリーマンでマンション管理士の資格を取得されているいわゆる社会保険労務士の勤務社会保険労務士のような勤務マンション管理士といえる方も、独立はしていませんが、結構多いと思われます。

独立・開業者のイメージが多少とも湧いてきたのではないでしょうか。

5　地方のマンション管理士の実態と現状

独立開業者の実態について、石川県のマンション管理士のデータをベースに触れてみたいと思います。

地方のマンション管理士は、そのほとんどが不動産業者か不動産業界で勤務しているかです。マンション管理士の業務で売上が伴っている方はほとんどいないのが現状かと思います。

マンションの適正化診断サービス業務

最近では、一般社団法人日本マンション管理士会連合会が運営主体の、保険会社からの受託業務であるマンションの適正化診断サービス業務が多くなってきて、診断結果で管理状況がよいと特定の保険会社の割引が受けられるということで、石川県の会員でも売上が徐々に発生してきています。この現象は、ほかの地方でも同じではないかと思います。

個人的な見解ですが、この業務はまだまだ進展していくのではないでしょうか。

地方にもマンション管理士会はあるが

私の場合は、プロローグでも記載しましたが、マンション管理士の資格を平成14年に取得して、それがキッカケでシルバー人材センター主催のマンション管理員の養成講座を毎年10日間ほど実施しています。これがマンション管理士としての正直これまでの私の主な業務でした。

平成15年には、マンション管理士の資格合格者のメンバーで石川県にマンション管理士会を設立しようということで、北陸マンション管理士会を立ち上げました。

とはいえ、マンション管理士の資格を取得したので、とりあえずどこかのマンション管理士会に入会しているといったメンバーが地方では大半ではないかと思います。多くの方が不動産関係の方であったりして、マンション管理士の仕事がなくても食べていけるといったマンション管理士が、地方の多数の方の実態ではないかと思います。

地方と都会との分譲マンションの市場格差

図表5は、地方と都会との全国の世帯数に占める分譲マンションの戸数に関する興味深いデータ

です。

このデータをご覧になられていかが思われましたでしょうか。これが、地方と都会との分譲マンションの市場格差の実態なのです。

東京が27・2％で全国1位、私どもの石川県は3・52％の全国25位です。戸数では、約110倍の差があります。このデータからも、地方のマンション管理士は、都会とは全く違う市場であると

【図表5　全国の世帯数に占める分譲マンション戸数】

都道府県	2017年					2016年
	ストック戸数	世帯数	マンション化率	順位	○○世帯に1世帯の割合	マンション化率
北海道	208,259	2,742,602	7.59%	13	13.2	7.55%
青森県	5,156	587,232	0.88%	47	113.9	0.86%
岩手県	13,621	519,584	2.62%	35	38.1	2.61%
宮城県	89,963	969,291	9.28%	12	10.8	9.17%
秋田県	5,845	424,124	1.38%	46	72.6	1.36%
山形県	6,364	409,327	1.55%	45	64.3	1.56%
福島県	17,373	773,127	2.25%	41	44.5	2.23%
茨城県	38,776	1,190,899	3.26%	30	30.7	3.23%
栃木県	19,113	798,951	2.39%	39	41.8	2.42%
群馬県	22,795	807,329	2.82%	33	35.4	2.83%
埼玉県	445,814	3,141,115	14.19%	7	7.0	14.20%
千葉県	436,963	2,746,659	15.91%	5	6.3	15.90%
東京都	1,827,123	6,718,153	27.20%	1	3.7	27.00%
神奈川県	941,234	4,150,956	22.68%	2	4.4	22.54%
首都圏	3,651,134	16,756,883	21.79%	—	4.6	21.68%
新潟県	48,333	882,952	5.47%	18	18.3	5.45%
富山県	8,757	406,712	2.15%	42	46.4	2.09%
石川県	16,555	470,357	3.52%	25	28.4	3.51%
福井県	5,294	282,899	1.87%	44	53.4	1.87%
山梨県	11,578	349,468	3.31%	28	30.2	3.32%
長野県	22,881	846,412	2.70%	34	37.0	2.69%
岐阜県	17,950	784,759	2.29%	40	43.7	2.27%
静岡県	91,053	1,520,627	5.99%	17	16.7	5.94%
愛知県	359,338	3,104,950	11.57%	9	8.6	11.52%
三重県	19,846	759,595	2.61%	37	38.3	2.57%
中部圏	488,187	6,169,931	7.91%	—	12.6	7.85%
滋賀県	40,934	552,992	7.40%	14	13.5	7.46%
京都府	138,868	1,170,632	11.86%	8	8.4	11.65%
大阪府	785,098	4,106,385	19.12%	3	5.2	18.93%
兵庫県	456,365	2,455,561	18.58%	4	5.4	18.46%
奈良県	54,872	581,424	9.44%	11	10.6	9.36%
和歌山県	16,564	437,005	3.79%	22	26.4	3.78%
近畿圏	1,492,701	9,303,999	16.04%	—	6.2	15.89%
鳥取県	5,777	233,233	2.48%	38	40.4	2.44%
島根県	6,086	284,718	2.14%	43	46.8	2.02%
岡山県	31,066	820,528	3.79%	23	26.4	3.74%
広島県	125,147	1,272,074	9.84%	10	10.2	9.76%
山口県	24,810	650,729	3.81%	24	26.2	3.70%
徳島県	10,125	330,535	3.06%	32	32.6	3.02%
香川県	26,432	428,888	6.16%	15	16.2	6.04%
愛媛県	22,546	643,679	3.50%	26	28.5	3.45%
高知県	11,427	350,183	3.26%	31	30.6	3.20%
福岡県	361,374	2,329,283	15.51%	6	6.4	15.41%
佐賀県	10,626	324,536	3.27%	29	30.5	3.26%
長崎県	26,019	626,500	4.15%	21	24.1	4.09%
熊本県	38,752	763,223	5.08%	20	19.7	5.03%
大分県	31,980	525,494	6.09%	16	16.4	6.01%
宮崎県	13,822	518,318	2.67%	36	37.5	2.59%
鹿児島県	27,683	802,381	3.45%	27	29.0	3.36%
沖縄県	32,701	625,187	5.23%	19	19.1	5.05%
全　国	6,979,058	56,221,568	12.41%	—	8.1	12.31%

出所：株式会社東京カンテイ　プレスリリース2018年1月31日付
都道府県のマンション化率／マンションデータ白書より

いうことができると思います。

6　マンション管理士の資格はどのように法定されているのか

そもそもこのマンション管理士という資格は、法律でどのように定められているのか考えてみたいと思います。

この資格のベースになっているのは、平成12年にマンションの管理の適正化の推進に関する法律です。その中のマンション管理士のポイントとなるのは、次の条文です。

第一章　総則

（目的）

第一条　この法律は、土地利用の高度化の進展その他国民の住生活を取り巻く環境の変化に伴い、多数の区分所有者が居住するマンションの重要性が増大していることにかんがみ、マンション管理士の資格を定め、マンション管理業者の登録制度を実施する等マンションの管理の適正化を推進するための措置を講ずることにより、マンションにおける良好な居住環境の確保を図り、もって国民生活の安定向上と国民経済の健全な発展に寄与することを目的とする。

このようにマンションにおける良好な居住環境の確保を図り、もって国民生活の安定向上と国民経済の健全な発展に寄与することがこの法律の目的なのです。そしてそれを担う使命がマンション管理士であると法律が宣言しているのです。すごいことではないかと思います。国が認めているのです。だから試験は合格率が約８％と難しいのです。

（定義）
第二条　この法律において、次の各号に掲げる用語の意義は、それぞれ当該各号の定めるところによる。
五　マンション管理士　第三十条第一項の登録を受け、マンション管理士の名称を用いて、専門知識をもって、管理組合の運営その他マンションの管理に関し、管理組合の管理者等又はマンションの区分所有者等の相談に応じ、助言、指導その他の援助を行うことを業務（他の法律においてその業務を行うことが制限されているものを除く）とする者をいう。

このようにマンション管理士は名称独占の資格であり、その専門知識を用いて、管理組合およびマンションの区分所有者に対して相談・助言・指導などの支援業務を行うことをその使命としています。

第二章　マンション管理士

第一節　資格

第六条　マンション管理士試験（以下この章において「試験」という。）に合格した者は、マンション管理士となる資格を有する。

このようにマンション管理士は、試験に合格したものだけが取得できる資格です。税理士や行政書士のように役所で何年か勤務すれば、試験を受けなくても合格できるといった資格ではありません。

第四節　義務等

（信用失墜行為の禁止）

第四十条　マンション管理士は、マンション管理士の信用を傷つけるような行為をしてはならない。

このようにマンション管理士は、信用を傷つけるようなことをしてはならないと定められています。これはどの資格でも定められており、当たり前のことです。

マンション管理士の資格の重さを実感していただけましたでしょうか。そうなんです。日本のマンションとそこに居住する人をサポートするという大変重要な役割を持っているのです。まだまだマンション管理士と言っても、一般的には知られていませんが、今後の日本のマンションの状況を考えるならば、マンション管理士が対応する課題は、待ったなしの状況になってきているのではないかと思います。

第2章　マンション管理士の年収は

1　兼業が大半、専業は少ないのが実態

この章では、マンション管理士の年収について考えてみたいと思います。

マンション管理士の仕事の中身

マンション管理士は、兼業が大半かと思いますが、その仕事の中身は次のとおりです。

①　管理規約の改正・見直し
②　管理費・修繕積立金の会計監査
③　総会・理事会の運営
④　予算案・予算改正案の作成
⑤　管理コストの見直し・削減
⑥　管理委託会社の選定・変更
⑦　大規模修繕に備えた修繕積立金の取扱い
⑧　マンション分譲に関する相談・助言
⑨　災害による緊急補修しなければならないときの助言
⑩　大規模修繕工事の施工会社選定や諸手続

以上、代表的な業務10項目を挙げてみました。

この中身をよく分析すると、①から⑦までの業務は、管理組合の役員になるか管理組合の顧問になることに相互に関連性をもたせながら、そのマンションにかかわることが可能になってきます。

したがって、マンション管理士として専業でやっている人は、やはり管理組合の顧問でやるほうが仕事がしやすくなってくるわけです。兼業である人は、この10項目の業務のどこかの業務を請け負ってやっているケースも多いと思います。

私は、社会保険労務士として開業20年目になりますが、このマンション管理士が管理組合から顧問業務をどれだけ多く受注できるかが事務所経営の安定化につながってくるのではないかと考えます。なぜなら、顧問業務は、毎月の報酬が得られるからです。

顧問先のマンションはいつまでも存続

税理士もこの会社との顧問業務がメインであると思います。社会保険労務士や税理士は、会社が顧問先の対象であるのに対して、マンション管理士はマンション管理組合が顧問対象になってくるわけです。したがって、マンション管理士の事務所経営の安定化のポイントは、やはり管理組合との顧問先をいかにつかむかということになってくると思います。

ここで１つ注目すべき視点は、会社は倒産してなくなる可能性がありますが、マンションは倒壊しない限りいつまでも存続していくということです。したがって、いったん信頼関係を築いて顧問先になれば、社会保険労務士や税理士以上に経営の安定化が期待できる資格ではないかと思います。読者の皆さんいかが思われますか。⑧から⑩の業務については、技術的な業務の側面が多く、建築士の資格など保有している方は兼業の形で働きかけができる分野ではないかと思います。

マンションは資産価値という側面で見ていくと、ハード面とソフト面では次のような意味合いになってくると思います。

・ハード面

○居住性　○立地条件　○建設会社のブランド　○建物の内装・設備・間取りなど

・ソフト面

○管理組合運営　○管理会社　○財務状況　○修繕積立金・長期修繕計画　○防災・コミュニティーの状況

ハード面での立地条件は、マンションの資産価値の一番重要なポイントであると思いますが、その他の建設会社のブランド以外の項目についてはマンション管理士が何らかの形でかかわっていくことができる項目です。先ほど10項目の仕事の中身を見てきましたが、ハード面・ソフト面の資産価値の項目と比較して、いかにマンション管理士の仕事がマンションの資産価値に影響を与えるかが理解できると思います。ましてや、巻末の付録の中のマンション管理適正化法の中の第5条の3の令和4年4月からのマンションの管理計画認定制度が施行されてくると、コンサルタントとしてのマンション管理士の仕事の分野は益々拡大していくのではないかと思います。

２　年収の実態

他の士業の年収はどのくらい

いよいよマンション管理士の年収の実態について考えてみたいと思います。なにしろマンション管理士の年収の統計など公表されていないので、正直わからないのが実態かと思いますが、厚生労働省が毎年調べて公表している賃金センサスというサイトに士業の給与のデータがあります。

このサイトへの入り方とそのデータは図表６と図表７です。

この賃金センサスのデータをみれば、マンション管理士の直接的なデータはありませんが、他の士業である税理士・社会保険労務士などの労働者として勤務している方の給与などの実態が見えてきます。年収もこの給与と賞与の額から計算すれば見えてきます。

勤務社会保険労務士であれば、10人以上の事業所の男女計の令和元年度のデータですが、毎月決まって支給する現金の給与額34万4，０００円の12か月分と年間賞与83万3，７００円の合計で４９６万1，７００円と計算されます。年齢は45・1歳です。

同じように計算すると、1級建築士の方で年収７００万4，６００円（48・3歳）、税理士の方で６９３万9，６００円（42・6歳）となります。ザックリ言えることは、社会保険労務士の年収は約５００万円、1級建築士で約７００万円、そして税理士で約７００万円という勤務している他

【図表６－１　厚生労働省「賃金構造基本統計調査」の入口画面】

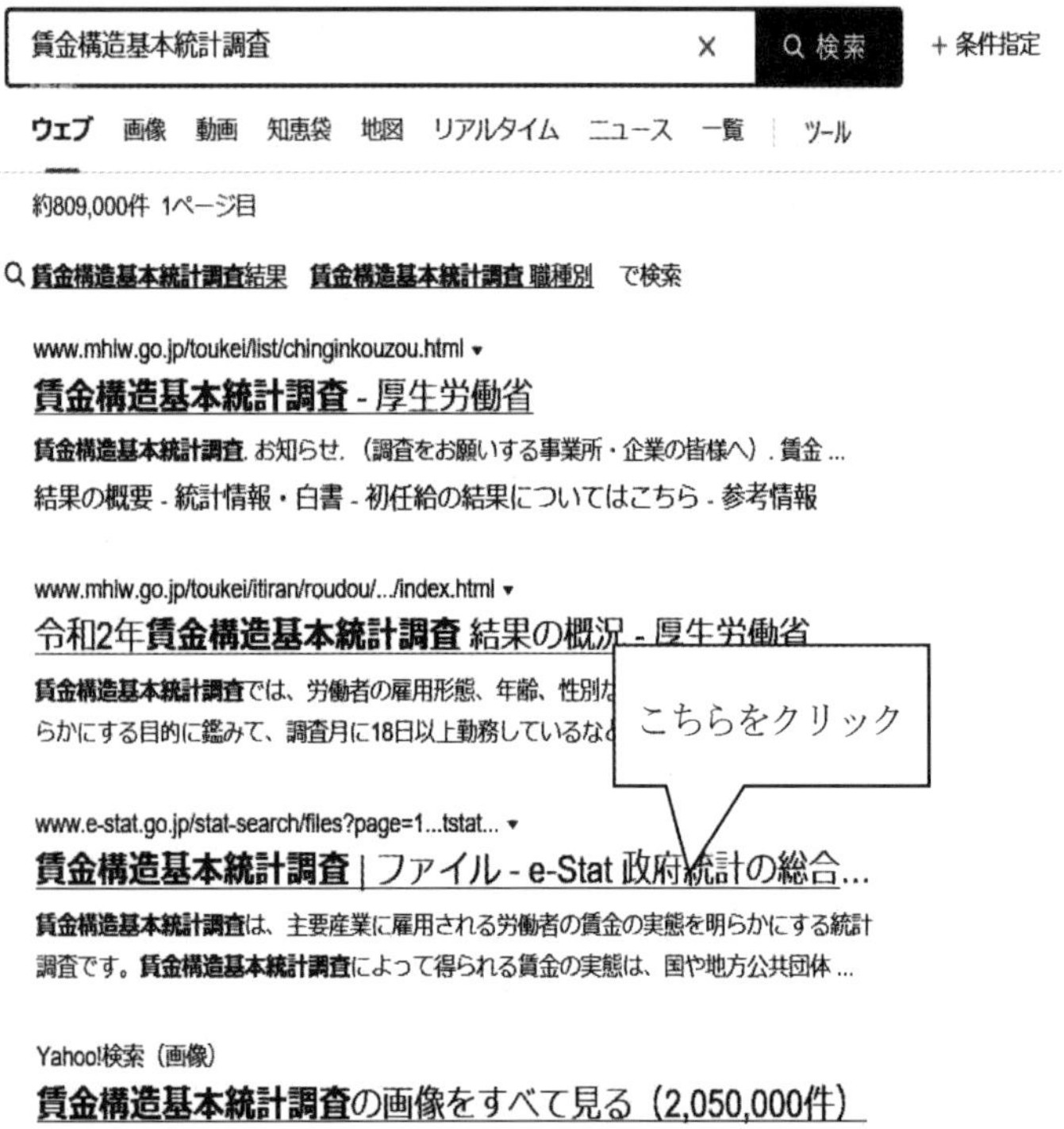
賃金構造基本統計調査
Q 検索
＋条件指定
ウェブ　画像　動画　知恵袋　地図　リアルタイム　ニュース　一覧　ツール
約809,000件 1ページ目
賃金構造基本統計調査結果　賃金構造基本統計調査 職種別　で検索
www.mhlw.go.jp/toukei/list/chinginkouzou.html
賃金構造基本統計調査 - 厚生労働省
賃金構造基本統計調査. お知らせ. （調査をお願いする事業所・企業の皆様へ）. 賃金 ...
結果の概要 - 統計情報・白書 - 初任給の結果についてはこちら - 参考情報
www.mhlw.go.jp/toukei/itiran/roudou/.../index.html
令和2年賃金構造基本統計調査 結果の概況 - 厚生労働省
賃金構造基本統計調査では、労働者の雇用形態、年齢、性別な
らかにする目的に鑑みて、調査月に18日以上勤務しているなど
こちらをクリック
www.e-stat.go.jp/stat-search/files?page=1...tstat...
賃金構造基本統計調査 | ファイル - e-Stat 政府統計の総合...
賃金構造基本統計調査は、主要産業に雇用される労働者の賃金の実態を明らかにする統計
調査です。賃金構造基本統計調査によって得られる賃金の実態は、国や地方公共団体 ...
Yahoo!検索（画像）
賃金構造基本統計調査の画像をすべて見る（2,050,000件）

出所：厚生労働省ＨＰより

【図表６－２　厚生労働省「賃金構造基本統計調査」の入口画面】

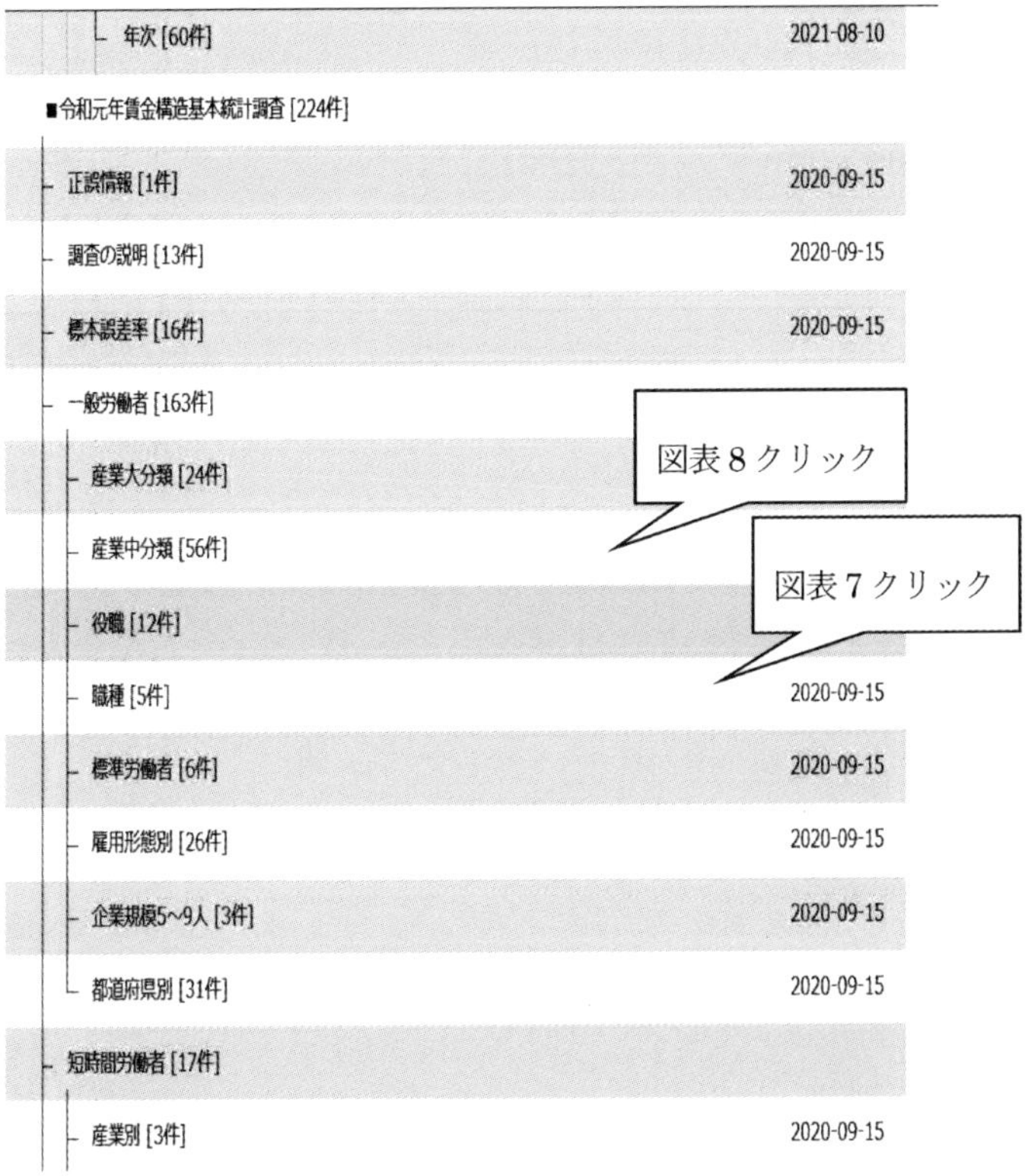

出所：厚生労働省ＨＰより

【図表７　職種別決まって支給する現金給与額】

令和元年賃金構造基本統計調査

職種別第１表　職種別きまって支給する現金給与額、所定内給与額及び年間賞与その他特別給与額（産業計）

表頭分割	01
性別	男女計

区　分	企業規模計（10人以上）							
	年齢	勤続年数	所定内実労働時間数	超過実労働時間数	きまって支給する現金給与額	所定内給与額	年間賞与 その他特 別給与額	労働者数
	歳	年	時間	時間	千円	千円	千円	十人
自然科学系研究者	39.1	10.6	153	10	454.2	425.3	1435.0	4 468
化学分析員	38.3	10.9	154	11	318.7	291.6	1077.5	3 419
技術士	46.3	13.7	158	12	443.2	409.8	1433.8	2 722
一級建築士	48.3	13.3	165	16	462.1	414.5	1459.4	3 392
測量技術者	43.9	13.8	166	13	324.2	301.1	769.4	2 656
システム・エンジニア	38.7	11.6	156	13	380.3	347.7	1068.4	42 008
プログラマー	33.8	6.9	161	12	303.9	279.1	578.1	10 654
医師	41.2	5.3	156	15	934.4	832.9	769.0	7 815
歯科医師	36.8	6.2	158	2	466.4	455.7	245.8	1 892
獣医師	40.7	9.7	164	11	428.7	395.9	604.5	338
薬剤師	39.8	7.9	160	11	404.6	374.8	825.8	8 519
看護師	39.7	8.1	154	7	334.4	302.7	807.2	77 409
准看護師	50.1	11.5	158	3	283.8	263.4	641.4	17 608
看護補助者	46.6	8.4	156	2	216.5	202.4	429.8	13 723
診療放射線・診療ｴｯｸｽ線技師	39.1	10.0	158	11	348.1	313.2	855.5	4 131
臨床検査技師	38.5	10.0	157	12	311.8	280.8	884.8	5 434
理学療法士、作業療法士	33.5	6.2	158	5	288.7	277.9	645.4	19 464
歯科衛生士	34.6	6.6	161	6	269.8	258.6	476.4	3 853
歯科技工士	38.6	10.2	171	14	295.5	269.0	320.4	1 431
栄養士	35.2	7.6	163	8	247.6	233.4	595.5	9 720
保育士(保母・保父)	36.8	7.8	162	4	246.0	239.5	695.2	32 634
介護支援専門員(ｹｱﾏﾈｰｼﾞｬｰ)	49.9	9.2	160	5	275.3	265.2	617.7	9 266
ホームヘルパー	49.0	7.2	161	7	240.3	226.5	381.0	8 423
福祉施設介護員	42.6	7.0	162	5	244.1	229.5	528.1	101 938
弁護士	39.6	5.8	160	1	480.8	480.0	1392.8	541
公認会計士、税理士	42.6	10.6	154	16	476.0	424.7	1227.6	688
社会保険労務士	45.1	13.8	171	9	344.0	327.4	833.7	88
不動産鑑定士	46.8	6.1	144	0	487.0	487.0	1565.3	11
幼稚園教諭	34.3	8.2	165	2	244.7	240.7	738.5	8 517
高等学校教員	43.6	14.3	161	2	440.2	435.5	1796.0	7 206

出所：厚生労働省ＨＰより

の士業のデータだと見て取れます。

マンション管理士の賃金データは残念ながらありませんが、ヤフーで「賃金構造基本統計調査」または「賃金センサス」と入力して見ていただければ、その膨大なデータに驚かれると思います。

素人目にはどうせ、上場企業のデータしかないのではないかと思いがちですが、県別・従業員数別（10人以上、100以上、1000人以上など）に年齢別の賃金や職種別の賃金・賞与・年収など豊富なデータが提供されています。1度見られることをおすすめします。

マンション管理士として将来独立した際に、顧問先の管理組合の区分所有者である組合員の収入がどれくらいあるか、めどがある程度判断できると思います。このマンションは富裕層が多いとか、中堅サラリーマンが多い中流層が主体のマンションかなどの判断の資料として活用できると思います。

勤務マンション管理士の年収を不動産業勤務者から類推する

それでは、マンション管理士の勤務の方の年収は調べられないかということですが、この賃金センサスには業種別の賃金データがありますので、不動産業のデータを紹介して類推したいと思います。

図表8は、不動産賃貸業・管理業における年齢階級別の決まって支給する現金給与額、所定内給与総額および年間賞与などのデータです。

【図表８　年齢階級別決まって支給する現金給与額、
所定内給与総額および年間賞与など】

令和元年賃金構造基本統計調査

第1表　年齢階級別きまって支給する現金給与額、所定内給与額及び年間賞与その他特別給与額

表頭分割	01							
民公区分	民営事業所							
産業	Ｋ６９不動産賃貸業・管理業							
区　分	企業規模計（10人以上）							
	年齢	勤続年数	所定内実労働時間数	超過実労働時間数	きまって支給する現金給与額	所定内給与額	年間賞与その他特別給与額	労働者数
	歳	年	時間	時間	千円	千円	千円	十人
男女計 学歴計	45.3	9.8	155	10	322.2	300.2	935.8	11 957
～１９歳	19.1	1.1	161	6	187.8	180.4	233.5	40
２０～２４歳	23.3	1.7	156	10	234.1	217.0	369.4	769
２５～２９歳	27.5	3.5	156	15	272.7	244.1	709.3	1 268
３０～３４歳	32.5	5.7	153	15	303.3	270.1	810.7	1 138
３５～３９歳	37.5	8.2	155	15	338.0	304.0	1028.4	1 282
４０～４４歳	42.6	11.5	156	12	364.7	337.5	1240.3	1 329
４５～４９歳	47.4	12.4	155	9	369.7	347.8	1267.6	1 510
５０～５４歳	52.3	15.0	155	7	388.9	371.8	1366.3	1 273
５５～５９歳	57.4	14.8	156	7	388.4	373.6	1318.4	1 249
６０～６４歳	62.5	11.5	154	7	280.7	268.2	567.4	1 168
６５～６９歳	67.4	9.4	158	5	208.1	200.3	159.3	677
７０歳～	72.4	12.4	157	5	190.3	184.1	140.5	252

出所：厚生労働省ＨＰより

この図表8のデータの40歳から44歳の方に決まって支給する現金給与額が36万4，７００円、年間賞与額が１２４万３００円なので、年収は５６１万6，７００円と計算できます。

不動産賃貸および管理業なので、マンション管理士の資格を保有されて会社でその関連の業務もこなしている方のほとんどがこの業種には該当するのではないかと思います。

さらにマンション管理士の資格を保有しているので、資格手当が毎月2万円前後加算されているとすれば、前述のデータに年額20万円前後加算されているというのが、勤務しているマンション管理士の年収の実態ではないかと思われます。

3　専業での年収はどのくらいか

開業マンション管理士の年収は４００万円前後

それでは、専業での年収はいくらなのか、現時点ではどこにもデータがないのでわからないといったほうが正解かもしれません。

ネット上の検索では、開業マンション管理士として独立している人の年収は約４００万円前後ではないかと言われています。

第1章の独立・開業者のところでも記載しましたが、顧問先10件、月額40万円で年収４８０万円といった方が多いと紹介しましたが、ネット上の情報とほぼ一致します。

この400万円というデータは、日本のサラリーマンの平均的な年収です。中には数千万円稼いでいる方もおられると思いますが、これが開業者の実態ではないかと思います。

読者の皆さんは、400万円は少ない、折角独立しても400万円かと思われた方も多いのではないかと思います。平均的なサラリーマンと変わらないのであれば、独立する意味がないのではないかと思われた方も多いと思います。

しかも、自営の仕事では、経費も結構かかるので、平均的サラリーマンより実質は悪くなるのではないかと思われた方も多いと思います。

同時に年金受給で合計年収600万円

これも前述しましたが、日管連の合同研修会の後の懇親会でヒアリングしたとき、開業者の多くが年金受給者でした。

現在の日本の年金受給者の平均受給額は、厚生労働省年金局が公表している令和元年度厚生年金・国民年金事業の概要によると、国民年金（老齢基礎年金）の平均支給額が5万6，049円、厚生年金（老齢厚生年金）の平均支給額が14万6，162円となっています。

このデータからは、年金での年収は200万円前後が年金受給者の水準です。したがって、マンション管理士の年金受給者であれば、年収400万円プラス年金収入200万円と考えれば、ザックリ年収600万円とも読み替えができます。

このように、マンション管理士の専業という視点で考えるならば、年金受給者にとっては悪くない年収であると思いました。しかも、この仕事は定年がないので、元気であればいつまでも働くことができる資格なのです。

マンション管理士の顧問報酬は６割が５万円未満

ここで国交省が５年ごとに行っている「マンション総合調査」の外部専門家の役員の報酬の調査内容を見てみると、区分所有者が妥当と考える報酬の水準は５万円未満が６割であるとの結果が出ています（図表９参照）。

このアンケートからみても、私がヒアリングした管理士の方々の顧問報酬の金額とほとんど一致するのではないかと思いました。

また、実際の区分所有者の役員報酬の平均額は、各役員一律の場合は月２，６００円で、一律でないときは理事長が月９，２００円、理事が４，４００円、幹事が４，１００円となっているようです。

さらに、興味深いデータとして、区分所有者自らが理事長を引き受けるときの妥当な報酬は、無償が６割弱という内容にも驚きを感じました。これでは、やはり役員のなり手は益々少なくなってしまう理由の１つかもしれないと思いました。

このような現状を裏返せば、これから、プロの管理者の養成が益々必要となってくるのではないかと思いました。

【図表９　外部専門家等の役員報酬】

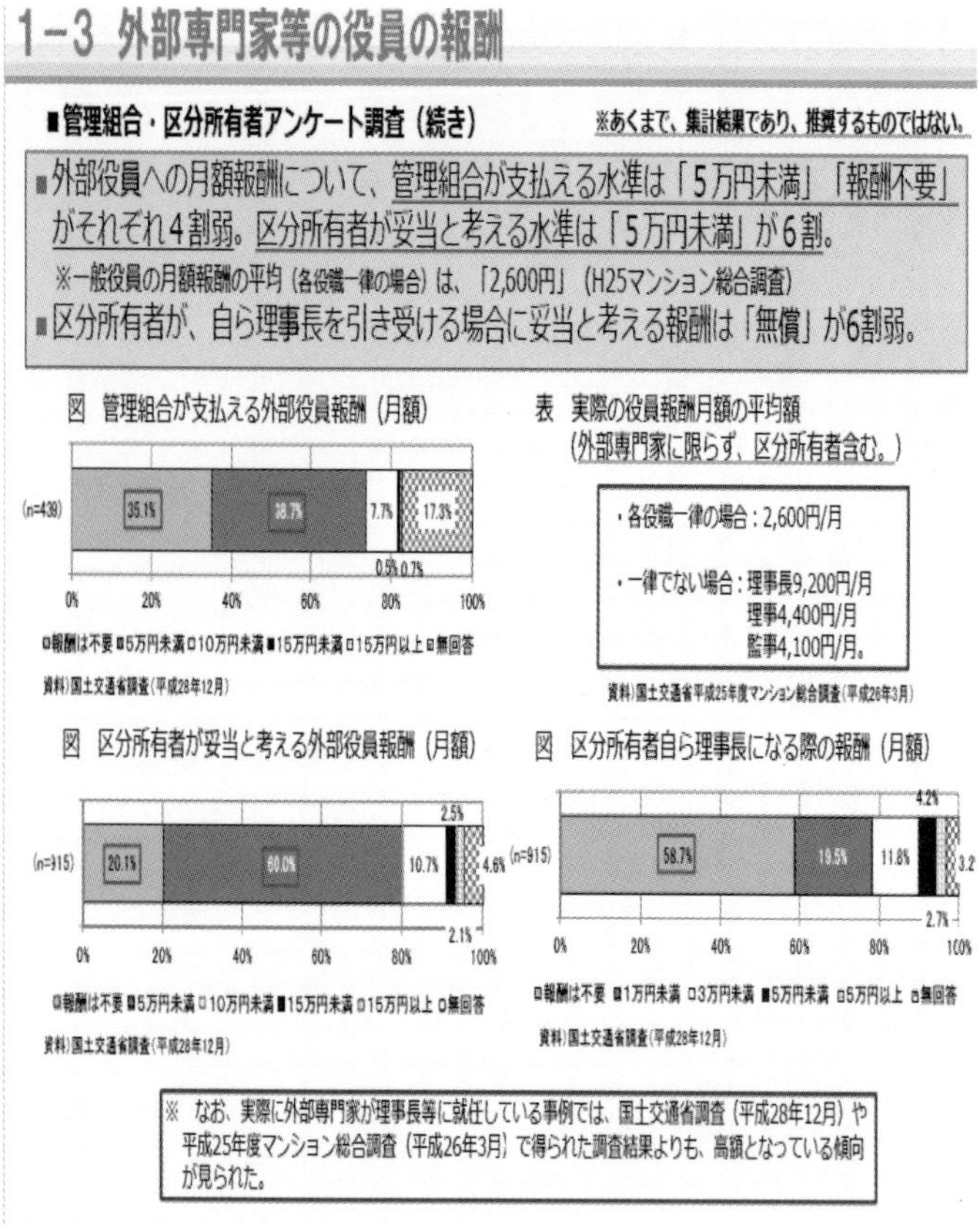
1-3 外部専門家等の役員の報酬
■管理組合・区分所有者アンケート調査（続き）
※あくまで、集計結果であり、推奨するものではない。
■外部役員への月額報酬について、管理組合が支払える水準は「５万円未満」「報酬不要」がそれぞれ４割弱。区分所有者が妥当と考える水準は「５万円未満」が６割。
※一般役員の月額報酬の平均（各役職一律の場合）は、「2,600円」（H25マンション総合調査）
■区分所有者が、自ら理事長を引き受ける場合に妥当と考える報酬は「無償」が6割弱。
図　管理組合が支払える外部役員報酬（月額）
(n=439)
35.1%
38.7%
7.7%
17.3%
0.5% 0.7%
0% 20% 40% 60% 80% 100%
報酬は不要 5万円未満 10万円未満 15万円未満 15万円以上 無回答
資料）国土交通省調査（平成28年12月）
表　実際の役員報酬月額の平均額
（外部専門家に限らず、区分所有者含む。）
・各役職一律の場合：2,600円/月
・一律でない場合：理事長9,200円/月
理事4,400円/月
監事4,100円/月。
資料）国土交通省平成25年度マンション総合調査（平成26年3月）
図　区分所有者が妥当と考える外部役員報酬（月額）
(n=915)
20.1%
60.0%
10.7%
2.5%
4.6%
2.1%
0% 20% 40% 60% 80% 100%
報酬は不要 5万円未満 10万円未満 15万円未満 15万円以上 無回答
資料）国土交通省調査（平成28年12月）
図　区分所有者自ら理事長になる際の報酬（月額）
(n=915)
58.7%
19.5%
11.8%
4.2%
3.2
2.7%
0% 20% 40% 60% 80% 100%
報酬は不要 1万円未満 3万円未満 5万円未満 5万円以上 無回答
資料）国土交通省調査（平成28年12月）
※　なお、実際に外部専門家が理事長等に就任している事例では、国土交通省調査（平成28年12月）や平成25年度マンション総合調査（平成26年3月）で得られた調査結果よりも、高額となっている傾向が見られた。

出所：国土交通省ホームページより

4　マンション管理士として働く年齢により年収目標は大きく変わる

年金開始年齢とのからみ

ところで、年金開始年齢は図表10のようになっています
男性で昭和36年４月２日以後の生まれの方を例に取れば、65歳からの支給開始になってきます。
したがって、マンション管理士として独立開業するには、開業年齢によっても年収売上目標も自ずから相違してくるのではないかと思います。

管理会社や不動産業で勤務して、マンション管理士を兼業されている大半の方であれば、この資格で独立開業されるのは年金受給される年齢からでも遅くはないと思われます。

先ほどの賃金データからも、40歳から44歳までの方で約６００万円の年収があるので、定年前で若くして独立されることは、それはそれで素晴らしいことかと思いますが、現在のマンションストックの実態を考え、それも地方であれば、定年前後で年金収入もある程度考慮した時期がベストな開業時期ではないかと思われます。

もちろん、専業で年金受給など該当しない若い方の独立であれば、売上目標４００万円・５００万円ではなく、開業時は１，０００万円、２，０００万円といった売上目標になってくると思います。

【図表10　厚生年金受給開始年齢】

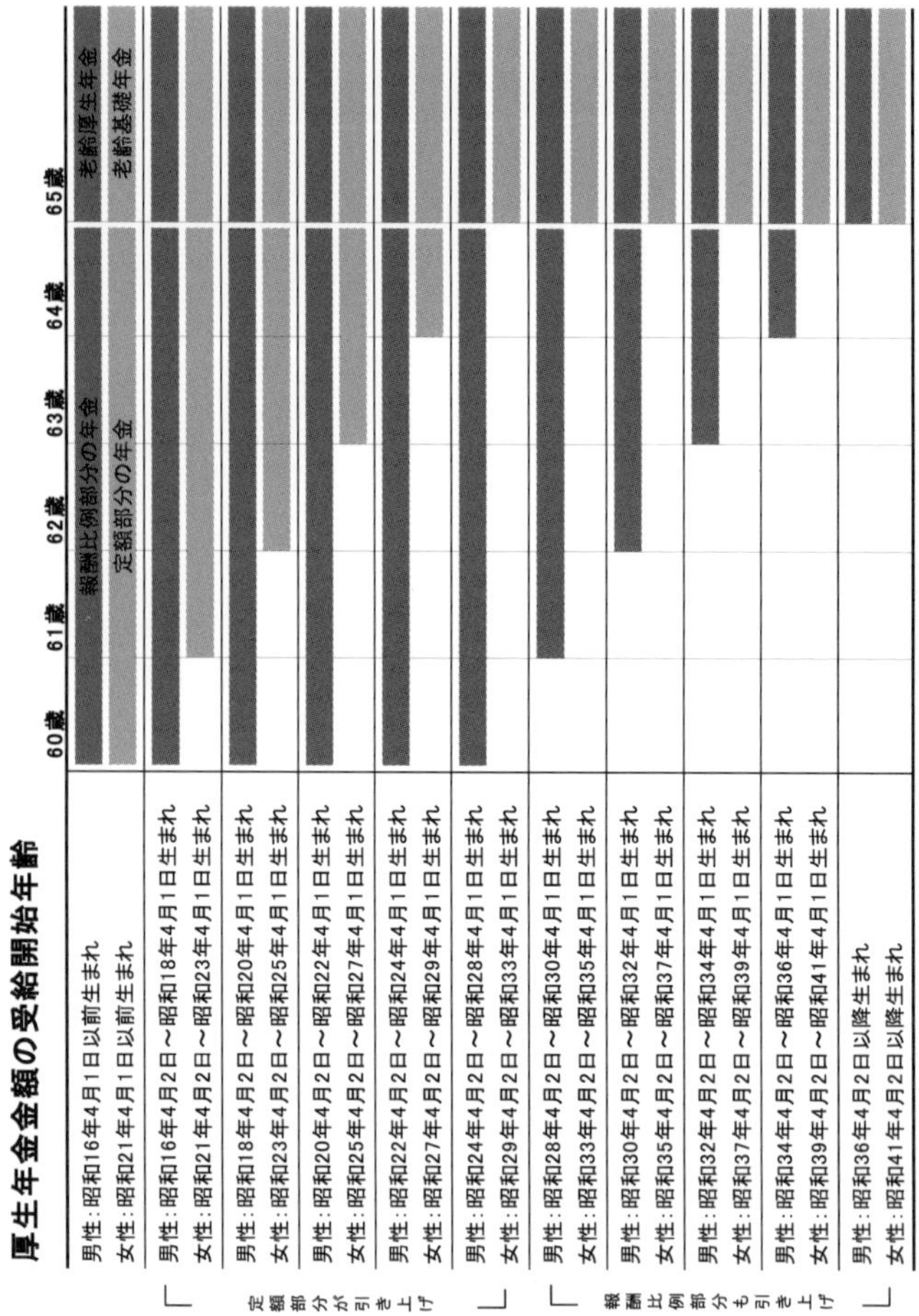
厚生年金金額の受給開始年齢
60歳
61歳
62歳
63歳
64歳
65歳
報酬比例部分の年金
定額部分の年金
老齢厚生年金
老齢基礎年金
男性：昭和16年4月1日以前生まれ
女性：昭和21年4月1日以前生まれ
男性：昭和16年4月2日～昭和18年4月1日生まれ
女性：昭和21年4月2日～昭和23年4月1日生まれ
男性：昭和18年4月2日～昭和20年4月1日生まれ
女性：昭和23年4月2日～昭和25年4月1日生まれ
男性：昭和20年4月2日～昭和22年4月1日生まれ
女性：昭和25年4月2日～昭和27年4月1日生まれ
男性：昭和22年4月2日～昭和24年4月1日生まれ
女性：昭和27年4月2日～昭和29年4月1日生まれ
男性：昭和24年4月2日～昭和28年4月1日生まれ
女性：昭和29年4月2日～昭和33年4月1日生まれ
男性：昭和28年4月2日～昭和30年4月1日生まれ
女性：昭和33年4月2日～昭和35年4月1日生まれ
男性：昭和30年4月2日～昭和32年4月1日生まれ
女性：昭和35年4月2日～昭和37年4月1日生まれ
男性：昭和32年4月2日～昭和34年4月1日生まれ
女性：昭和37年4月2日～昭和39年4月1日生まれ
男性：昭和34年4月2日～昭和36年4月1日生まれ
女性：昭和39年4月2日～昭和41年4月1日生まれ
男性：昭和36年4月2日以降生まれ
女性：昭和41年4月2日以降生まれ
定額部分が引き上げ
報酬比例部分も引き上げ

※ 共済年金の受給開始年齢は男性と女性の区別なく、上記の厚生年金の男性と同様に引き上げられます。

第3章　石川県マンション管理士会の組織と現状（地方の事例として）

1　組織の構成と会の活動内容

石川県マンション管理士会の活動内容

　これからマンション管理士の資格を取得して地元の会に入会しようかとか、現在マンション管理士の資格を持っているが地元のマンション管理士会に入会したらどのような活動をするのかなど大変興味があるところかと思います。

　私も、入会し会長もさせていただいていますので、一般社団法人石川県マンション管理士会の活動内容について紹介したいと思います。

　平成16年4月に設立された北陸マンション管理士会は、平成24年4月5日に一般社団法人石川県マンション管理士会に法人成りしました。顧問の税理士、弁護士、司法書士を含めて18名の会員で運営しています。

　会としては、毎月1回の例会をはじめ、無料相談会や、毎年1回の管理士会主催のセミナーなどを活動の中心にしています。他県のマンション管理士会も基本的には同じような活動内容ではないかと思います。

　この会を立ち上げた当時は、マンション管理士と言っても、マンション管理人のことかと思われていた状況でした。行政官庁に行っても、マンション管理士制度を周知しなければならない担当部署でさえよく理解いただけなかったことを思い出します。

設立当初は５名ほどのメンバーでしたが、途中で会長が退会されるなどがあり、やむなく私が会長を引き継いでやってきたというのが現状です。

繰返しになりますが、私のマンション管理士の受験の動機は、行政書士や社会保険労務士、宅地建物取引士などの資格を持っていたので、この新しいニュー資格にチャレンジしたいというものでした。そのため、折角合格したマンション管理士の資格に愛着もあり、合格者のメンバーとともに立ち上げました。

やっと存在が周知

あれから17年経過し、今では石川県マンション管理士会と言えば、地元のマンションの管理組合で知らない人はいないほどで、毎年開催しているセミナーなどにも大勢の参加をいただいています。

県庁や市役所でもマンション管理士会の存在は周知されてきており、今では県庁主催の毎年の管理組合向けのセミナーには、石川県からマンション管理士会に講師の依頼がくるようになってきています。

会員は、大半が不動産関係の方で、行政書士、土地家屋調査士、１級建築士の事務所を開業している方もおります。

前述しましたように、どこの地方の会でも言えることかもしれませんが、まだマンション管理士の業務一本で食べていける人は育っていないのが現実です。

しかし、ようやく最近では、不動産会社を退職し、マンション管理士として独立開業を目指す会員が全国的に出てきたようです。

2　相談はあるが受注までなかなかいかない

無料相談会

当会では無料相談会を定期的に実施しています。

その際には、「うちのマンションでは1度も管理組合の総会を開いたことがないのですが、どうしたらいいでしょう」とか、「毎月修繕積立金を支払っているがどのように使われているのか聞いたことがない」など、耳を疑うような質問を受けることがあります。

また、管理費の滞納の相談など、毎月数件は相談にこられたりしています。

もっとも、このような無料相談はあっても、報酬につながるような本格的な相談までには進展していないのが実態です。

管理組合が相手というのもネックに

私の本業である社会保険労務士の業務では、社長がＯＫすれば即決で契約が成立しますが、マン

【図表 11　区分所有法にかかる権利関係】

分譲マンションのオーナー（区分所有者）になると、下記の権利関係を取得します。１戸建ての土地建物の単なる所有権とは、大きく相違してきます。

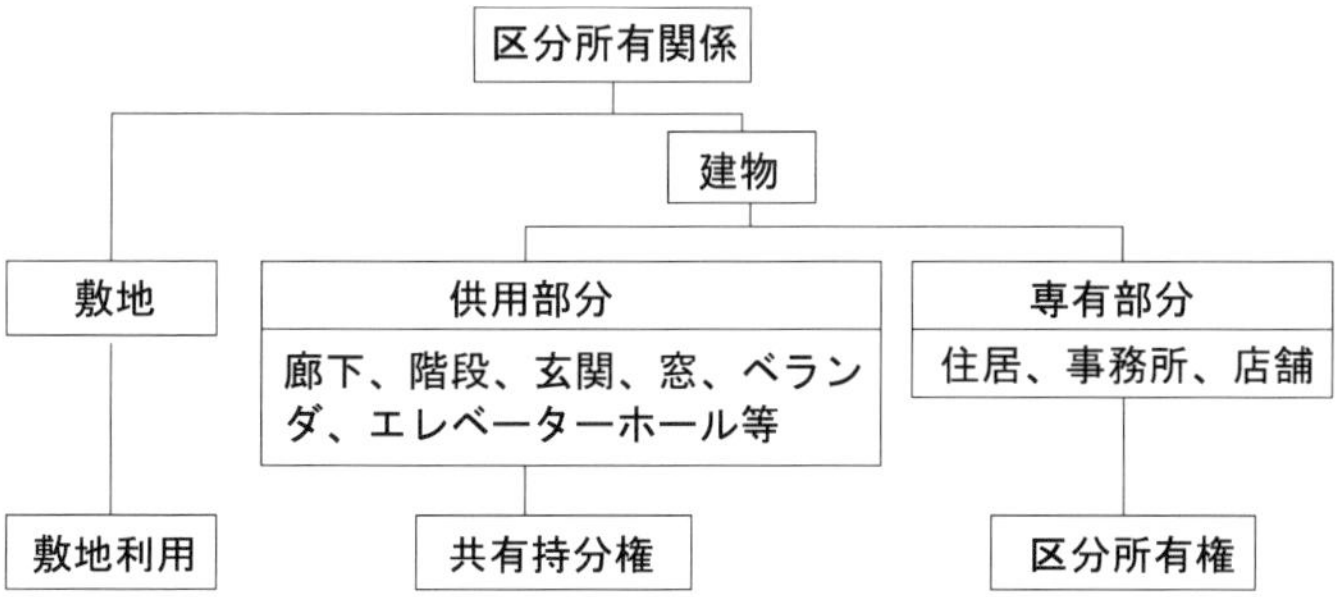

ションの管理組合相手となると、総会で議決が必要だとか、契約にもっていくまでに時間がかかるというのも、ネックの1つではないかと思います。

石川県では、数年前に管理会社の社長が修繕積立金を不当に使い込んだとして逮捕されるという事件もあり、地元新聞に大きく報道されたことがありました。その当時は結構相談件数が増加したこともあり、関心が高まったのですが、マンションの権利関係の複雑さのせいか、もう1つ突っ込んだ議論にまで発展しませんでした。

マンションの権利関係

そこで、既に理解されていると思いますが、今1度、マンションの権利関係について説明しておきたいと思います（図表11参照）。

この権利関係の区分の考え方が、トラブル解決のある意味基本になります。

法律上の定めは巻末の付録に掲載していますのでご確

認ください。

石川県マンション管理士会への相談事例

ここで、参考までに、当会への相談と、それに対する回答事例を紹介したいと思います。

●事例１　ピアノの騒音問題

管理組合に「毎日、ピアノを弾いている人がおり、うるさいので何とかならないか」との苦情の申し出があった。当事者は日頃から仲が悪く、対応が難しいので、組合としてどうすべきか。

○当会の回答

ピアノの音は、うるさいと感じる人もおり、特に気にしない人もいます。したがって、管理組合の理事長などの第三者が間に入って、とりあえず当事者同士で話し合ってもらい、防音対策をしてもらうとか、演奏時間を短くしてもらうなどの対応策を検討してもらう。

次は、今後のこともあるので、ピアノ等の演奏に関する細則を作成して、演奏時間の制限とか音量の制限などの規程を盛り込むなどの手当が必要ではないかと回答しました。

●事例２　理事会の決議のみで防犯カメラを設置したが、組合員から苦情

アンケート調査の結果、大半の組合員が防犯カメラの設置を求めていたので、理事会で決議して防犯カメラを設置したが、総会にかけずに工事を行ったことや、理事会の権限を逸脱しているということに対して、ある組合員から苦情の申し出があった。どうしたらいいか。

○当会の回答

防犯カメラは、個人情報・プライバシー保護の点から居住者に影響を与えるものなので、早急に臨時総会を招集して、防犯カメラを設置したことについて説明報告をしっかりした上で、事後承認を求めてはいかがかとアドバイス。同時に、防犯カメラ運用細則の制定も助言。

●事例３　中古で買った方からの申し出

中古で買った方から、「扉や網戸が開閉しにくい。共用部分なので管理組合で修理してほしい」との申し出があった。

○当会の回答

管理規約によれば、玄関扉（本体）、窓枠、網戸は共用部分ですが、そこに住んでいる居住者が専用的に専用している専用使用部分となるので、その維持管理はその住戸の組合員の責任で修理することになりますとアドバイスしました。

求められる業務につなげる努力

都心ではこのような相談からビジネスにつなげているケースも多いと聞いています。これからは、そうした前向きの努力も必要だと考えています。

また、当会には、マンション管理士や管理業務主任者の資格取得の講習の依頼などもありましたが、残念ながら最低募集人数が集まらず中止にはなったものの、そのような業務にも積極的に取り組んでいくべきでしょう。

3　保険見直し診断業務について

マンション管理適正化診断サービス

マンション管理適正化診断サービスの業務は、当会でも4名の会員が取り組んでおり、着実に成果につながってきています。私もこの診断業務は現在やっております。

これは、マンションの共用部分に関して、マンションの火災保険に加入するかどうかに関係なく無料でマンション管理士が診断を実施して診断レポートを提供するというビジネスです。これらの業務は、着実に実績が出てきており、今後伸びていく市場ではないかと思います。

そもそもこの業務診断という考え方はこれまでになく、管理が適正になされていれば、加入時の火災保険の保険料が割り引かれるという制度ですが、そのマンション管理が適正に実施されてきているかどうかは委託を受けたマンション管理士が診断業務を行うわけです。

そして、マンション管理の適正化診断において管理に問題点があれば、そのことがキッカケで今後そのマンションの管理組合と顧問契約につながっていくことも考えられます。

おそらくどこのマンション管理組合もマンション管理について適正化の診断など受けた経験がないので、ある意味マンション管理における人間ドックのような位置づけで考えることも可能ではないかと思います。

考えてみれば、この診断業務というのは、生命保険の見直し診断とか、会社の経営診断とか、本業の社会保険労務士の業務でいえば、就業規則の見直し診断とかどこの世界でもある話であります。

しかしながら、マンション管理の世界では、これまで第三者の管理の適正化診断などという発想もなかったのではないかと思います。

新たな業務に

これまでのマンションの共用部分の火災保険は、20年、30年と経過すると、一律に、保険に加入できなくなってくるケースもあり、どこの保険会社も同じような扱いでした。マンション管理の適正化の度合いで、火災保険の保険料そのものを決めるという考え方はなかったのです。しかし、今後は、多くの保険会社でマンション管理の適正化を考慮した火災保険料を決定していくという考え方が採用されていくのではないかと私は思っております。

多くの保険会社が適正化診断の考え方を取り入れていくとなると、業務受託を受けるマンション管理士の仕事はたちまち人手不足になってしまうのではないかと思います。

4　セミナー開催の反応と課題

前述したように、石川県マンション管理士会では、毎年、無料のセミナーを実施してきています。

これまで取り上げたテーマは、マンション管理規約の改正や管理費の滞納、駐車場や隣人との騒音の問題など、多岐にわたります。

そしてセミナー終了後には、無料相談会を毎回実施しています。

毎年のセミナー、終了後の相談会もそれなりの参加をいただいています。

ただし、これも繰り返しますが、これらの折角の相談も、なかなかビジネスにつなげられていないのが実態です。

会員自身は、本業があるので、この相談会を通して必ずお客様を開拓していくといった強い意思もないため、ビジネスにまで展開していかなかったのではないかと思われます。

このことを逆に考えるならば、本気でこのマンション管理士の仕事をやろうと決意するならば、地方ではすぐに地域ナンバーワンの実績につながっていくのではないかと思います。

読者の皆さんいかがですか。地方では、マンション管理士で食えないのではなく、本気で立ち上がってやっている人が少ないと言えるのではないでしょうか。

相談にこられるということは、必ずニーズが存在することを証明していると思います。

5　会員の増強について

当会は、顧問の方も含めて18名のメンバーで成り立っています。

会員の増強については、特別な手を打っているわけではなく、管理士会のホームページを見られた方が応募してこられるのを待つというのがこれまでの流れです。入会されるのは、管理会社や不動産関係の方が大半です。

私は、本業が社会保険労務士ですが、会には本業が行政書士、土地家屋調査士、1級建築士、司法書士のメンバーもおられます。いろいろな方が会員になっており、まったく利害関係が絡まないメンバーなので、これまで、退会者もあまりなくやってこられたのではないかと思います。

例会では、ザックバランの話ができ、それを通して人脈ができてきているというのも退会者が出ない原因の1つではないかと思います。また、異業種の人が集まっているのもこのような会の魅力の1つになっているのではないかと思います。

ときどき飲み会も実施してきており、マンション管理士という接点だけでこれまで存続してきたのは、今考えれば私自身不思議な気持ちです。おそらく、会員の心の奥底に、マンション管理士という資格が必ずいつの日にか脚光を浴びる日がくると思っているからではないかと思います。

とはいえ、これからさらなる発展を目指すためには、もっと積極的に会員の増強に取り組んでいくことが必要だと考えています。

数年前、ある不動産関係の会社の就業規則の改訂の依頼があり、その会社の女性の事務員の方とお話をしていましたら、事務員の2人ともマンション管理士の資格を持っているということで会話が弾んだことがありました。そのとき、「当会の管理士会に入会しませんか」とお誘いしたことが懐かしく思い出されます。

会員増強では、誰がこのマンション管理士の資格を石川県で持っているかなど調べようがないので、申出がない限り、打つ対策が限られてしまうというのが現実かと思われます。

しかしながら、女性のマンション管理士の資格を持っておられる方にお会いしたのにはビックリの感がありました。しかも、若い方でした。おそらく不動産関係の会社なので、受験する気になったのかと思われますが、マンション管理士の合格者はこれまで比較的年齢の高い男性の方が多数でした。しかし、このように若い女性にも人気が出てきたのかと、時代の変化と同時に、マンション管理士が少しずつ社会で認められてきていることを実感として感じた次第です。

今後は、女性のマンション管理士の会員増強などにも力を入れていきたいと思いました。

また、役所の建築関係の担当者も、この前お話していたら、マンション管理士の資格を持っておられるということで、会話が弾みました。このように若い女性とか、役所の方とか、従来の不動産会社関係でない方の間でも資格者が多くなってきており、いよいよ地方でも活躍できる条件が着々と進んできていると感じさせられます。

第4章　今後のマンション管理士の課題

1　コンサル業務でいかにアプローチできるか

独占業務がない

本章では、今後のマンション管理士の課題について考えてみたいと思います。

この資格の特徴の一番は、やはり独占業務がないということです。あるのは名称独占ができるということであります。どういうことかと言いますと、マンション管理士でない者は、名刺などにマンション管理士の名称を使ってはならないということです。逆にいえば、マンション管理士という名称を使わなければ、マンション管理組合相手のコンサルティングはできるということです。この特徴は、国家資格である中小企業診断士も同じ要件です。

社会保険労務士の業務でいえば、事業主の代理で、社会保険の報酬を得て手続できるのは、基本的には社会保険労務士ということになります。したがって、社会保険労務士の資格がないとできないわけです。このようなことが独占業務ということになります。

この独占業務は、税理士、弁護士、司法書士など個別の法律に定められていますが、マンション管理士の個別の法律には定められていないのです。

例えば、マンションの区分所有者が１００名以上の管理組合は、マンション管理士を1名以上役員におかなければならないとか、マンション管理士でない者は報酬を得て管理組合の相談を受けてはならないなどと定められていれば、このマンション管理士という資格は世の中にもっともっと周知されてきたと思います。

これらの独占業務がない中で、コンサル業務としてビジネスを展開していくのは、ある意味、税理士、行政書士などの独占業務がある資格者から見れば、難易度が高いビジネスであると思います。

このようなこともあり、マンション管理士で開業しているのは都会を中心にした者しかいないという現実につながってくるのではないかと思います。

日本は、もともとコンサル業務に報酬を支払うという感覚が比較的低い国です。中には、コンサルは形がないので報酬など必要がないと思っている方もおられます。例えば、無料相談会を実施してきて思うことは、相談業務から報酬の必要な業務展開にまでなかなか進展しないといった現実からもその傾向は強いものを感じます。

コンサルタントの代表的な資格である中小企業診断士にしてもこの傾向はあると思います。「会社経営の勉強をあれだけしてきたのに、いざ診断士として独立開業してもなかなか食えない」といった話をよく聞きします。このことも、コンサル業務で報酬を得ることの難しさを証明しているのではないかと思います。

切口を考えてアプローチする

それでは、どうしたらマンション管理士として食えるようになるかです。

他の士業では、業務内容の形があり、わかりやすくなっています。税理士であれば、税務署への申告代理など、業務内容がわかりやすいと言えます。

マンション管理士の仕事を考えるといかがでしょうか。

例えば、私の社会保険労務士の業務においては、就業規則の見直しの依頼を受けますが、私は、会社を守る就業規則とアピールしてやっています。それに倣い、マンション管理規約のアプローチとしてマンションを守る規約を作成しましょうなどといった切口でいけば、比較的ビジネス化しやすい業務の1つになってくると思います。

このように考えていけば、マンション管理士の業務の切口はいろいろ見えてきます。これまでどの地方でも、マンション管理士の業務を深く切り込んでやっている人があまりいないので、いろいろな切口の提案はお客様からみれば新鮮なイメージを与えていくので、意外と開拓しやすいとも言えなくはないと思います。

2　多くのマンション管理士はソフト面で勝負

売り込むべき業務

マンション管理士の受験科目の中では、民法など法律の勉強科目が多いのに対して、ハード面の建物の構造などを勉強する科目は少ないのがわかります。このようなこともあり、マンション管理士の大半の方は、法律などのソフト面が強い方が多いのに対して、ハード面は若干弱いように思われます。私どもの会にも1級建築士の方がいますが、彼らはやはり大規模修繕などの技術的ポイントは他のマンション管理士と比較して深く理解している方が多いと思います。

したがって、技術的な経験の少ないマンション管理士であれば、第２章１節で紹介した管理組合の顧問に関連する業務として、次の①から⑦までの業務をいかに売り込むかにかかってくると思います。

① 管理規約の改正・見直し
② 管理費・修繕積立金の会計監査
③ 総会・理事会の運営
④ 予算案・予算改正案の作成
⑤ 管理コストの見直し・削減
⑥ 管理委託会社の選定・変更
⑦ 大規模修繕に備えた修繕積立金の取扱い

外部専門家に委託したい業務は

図表12は、国土交通省のホームページに掲示してある、平成28年度マンション管理組合を対象に行った外部専門家の活用意向のアンケート調査の結果です。

【図表 12　外部専門家の活用意向】

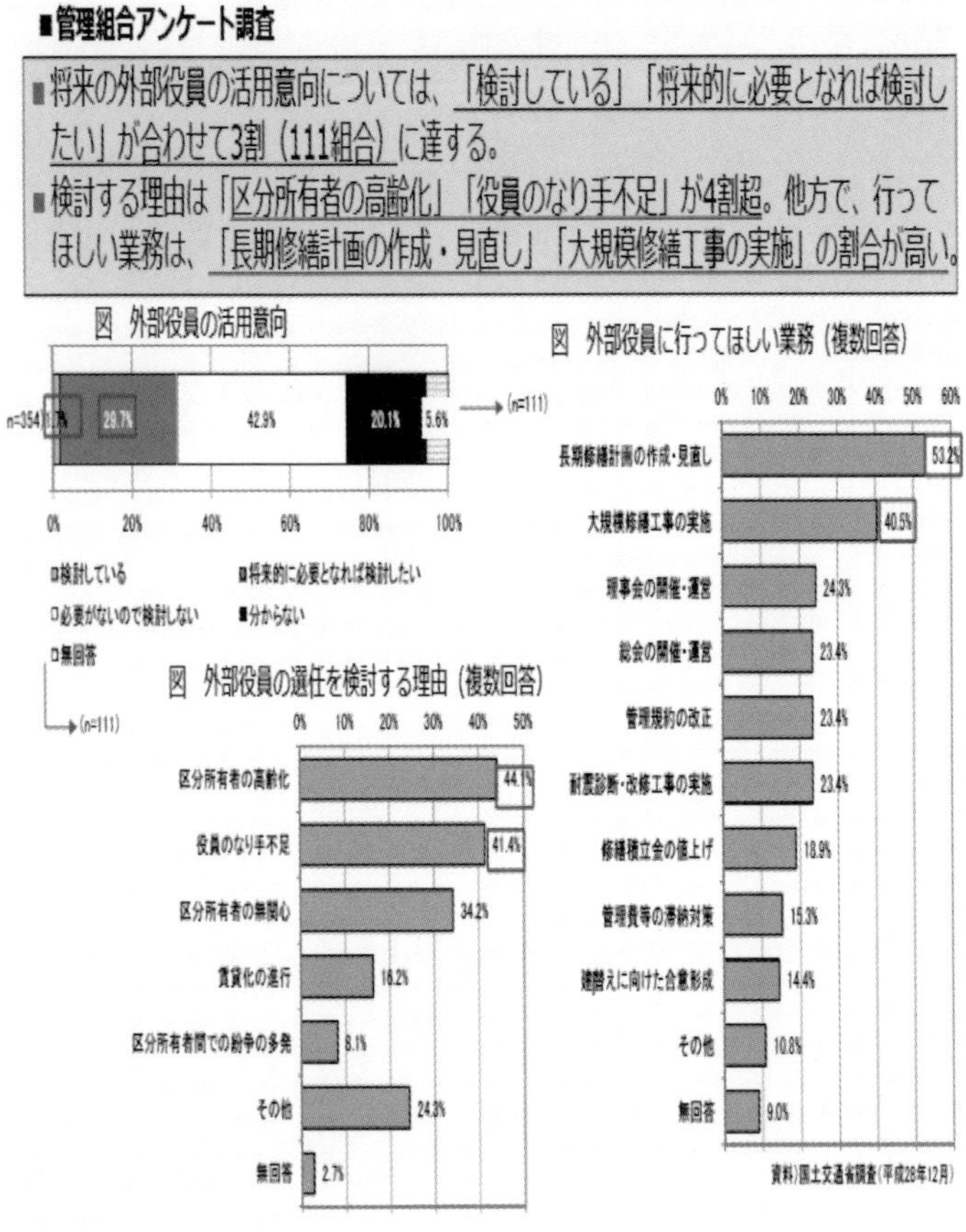
■管理組合アンケート調査
■将来の外部役員の活用意向については、「検討している」「将来的に必要となれば検討したい」が合わせて3割（111組合）に達する。
■検討する理由は「区分所有者の高齢化」「役員のなり手不足」が4割超。他方で、行ってほしい業務は、「長期修繕計画の作成・見直し」「大規模修繕工事の実施」の割合が高い。
図　外部役員の活用意向
n=354
1.7%
29.7%
42.9%
20.1%
5.6%
(n=111)
0%
20%
40%
60%
80%
100%
□検討している
■将来的に必要となれば検討したい
□必要がないので検討しない
■分からない
□無回答
図　外部役員の選任を検討する理由（複数回答）
(n=111)
0%
10%
20%
30%
40%
50%
区分所有者の高齢化 44.1%
役員のなり手不足 41.4%
区分所有者の無関心 34.2%
賃貸化の進行 16.2%
区分所有者間での紛争の多発 8.1%
その他 24.3%
無回答 2.7%
図　外部役員に行ってほしい業務（複数回答）
0%
10%
20%
30%
40%
50%
60%
長期修繕計画の作成・見直し 53.2%
大規模修繕工事の実施 40.5%
理事会の開催・運営 24.3%
総会の開催・運営 23.4%
管理規約の改正 23.4%
耐震診断・改修工事の実施 23.4%
修繕積立金の値上げ 18.9%
管理費等の滞納対策 15.3%
建替えに向けた合意形成 14.4%
その他 10.8%
無回答 9.0%
資料）国土交通省調査（平成28年12月）

出所：国土交通省ホームページより

このデータによれば、外部専門家が行ってほしい業務の一番は53％の長期修繕計画の作成・見直し、その次は40％の大規模修繕工事の実施とニーズが高いことがわかります。ちなみに、管理規約の改正は23％です。

したがって、マンション管理士は、大半がソフト面が強くて修繕工事などのハード面は苦手の方が多いと思いますので、市場のニーズとマンション管理士の多くの方の得意分野とはずれがあることがわかります。

これらのデータからも、これまで地方などでマンション管理士が活躍できていない原因の1つであろうと思いました。

しかし、マンション管理規約の改正は、23％のニーズがあるということもわかりましたので、長期修繕計画などの案件相談にぶつかったなら、臆せず大規模修繕工事のコンサルタントなどと提携してやってみることが、やがて規約の改正などに連動していき業務がこなせるようになってくると思います。

積極的に個別活用事例

最近は、マンション管理士を外部専門家として積極的に活用しているケースも見られるようになってきました。

前述のアンケート調査内容からもわかると思いますが、組合員の高齢化や賃貸化率が高い、あるいは、なり手がいないなどの理由から、第三者管理者（外部管理者総会監督型）や（監査人の受託）などのような案件も見られるようになってきています。

第三者管理者の受託事例とはどのようなケースかというと、その1つとしては、管理会社が受託の継続困難を理由に自主管理を勧奨された以後、役員を引き受ける役員がきわめて限られる中、自主管理を実践して、舵取りをする理事長に多大な負担がかかるということで、マンション管理士に第三者管理者の依頼があったというケースです。

このような事例は、今後多くなってくると思われます。

読者の皆さんは、もしこのような委託を受けた場合、どのような業務を行うのか大変興味があると思われます。

そこで、その具体的な業務の中身を小規模マンションの事例でザックリですが紹介しておきます。

●日常の主な業務

① 法律や規約で定められた管理者が行うべき業務
② 法令で定められた管理者の事項への対応
③ 管理会社の業務遂行状況のチェック
④ マンション管理業者および関係周辺業者との打合せ
⑤ 管理組合の預金口座の取引にかかる印鑑の保管および各種決済事項
⑥ 区分所有者からの報告・連絡・相談への対応

●特別の事業運営や事件・事故への対応
① 大規模修繕工事完成検査
② 長期修繕計画の見直し
③ 駐車場空き区画対策
④ 緊急時対応体制の構築

いかがでしょうか。多少とも第三者管理者のイメージが湧いてきたでしょうか。

今後、中身はそのマンションの実態に沿った形になってくるかと思いますが、こうしたケースはどんどん増加してくるものと確信する次第です。

続けて実際の活用事例を3パターン、同じく国土交通省のホームページのデータから紹介しておきましょう（図表13、14、15参照）。

おそらく地方のマンション管理士であれば、これらの事例は東京などの大都市の話で、地方では難しいのではないかと思われたのでしょう。私も正直そのような思いもあります。

しかし、10年後・20年後は、このスタイルが一般化していくかもしれないのです。

なお、この事例の中に沖縄があったのが興味深いところです。そうです、地方にもこの流れが近づいているということではないでしょうか。

したがって、マンション管理士は、大都市・地方を問わず、この事実をしっかり頭の中に入れて対策を今から考えておくことが重要であると思います。

【図表 13　外部専門家等の役員就任の事例分析　個別事例①】

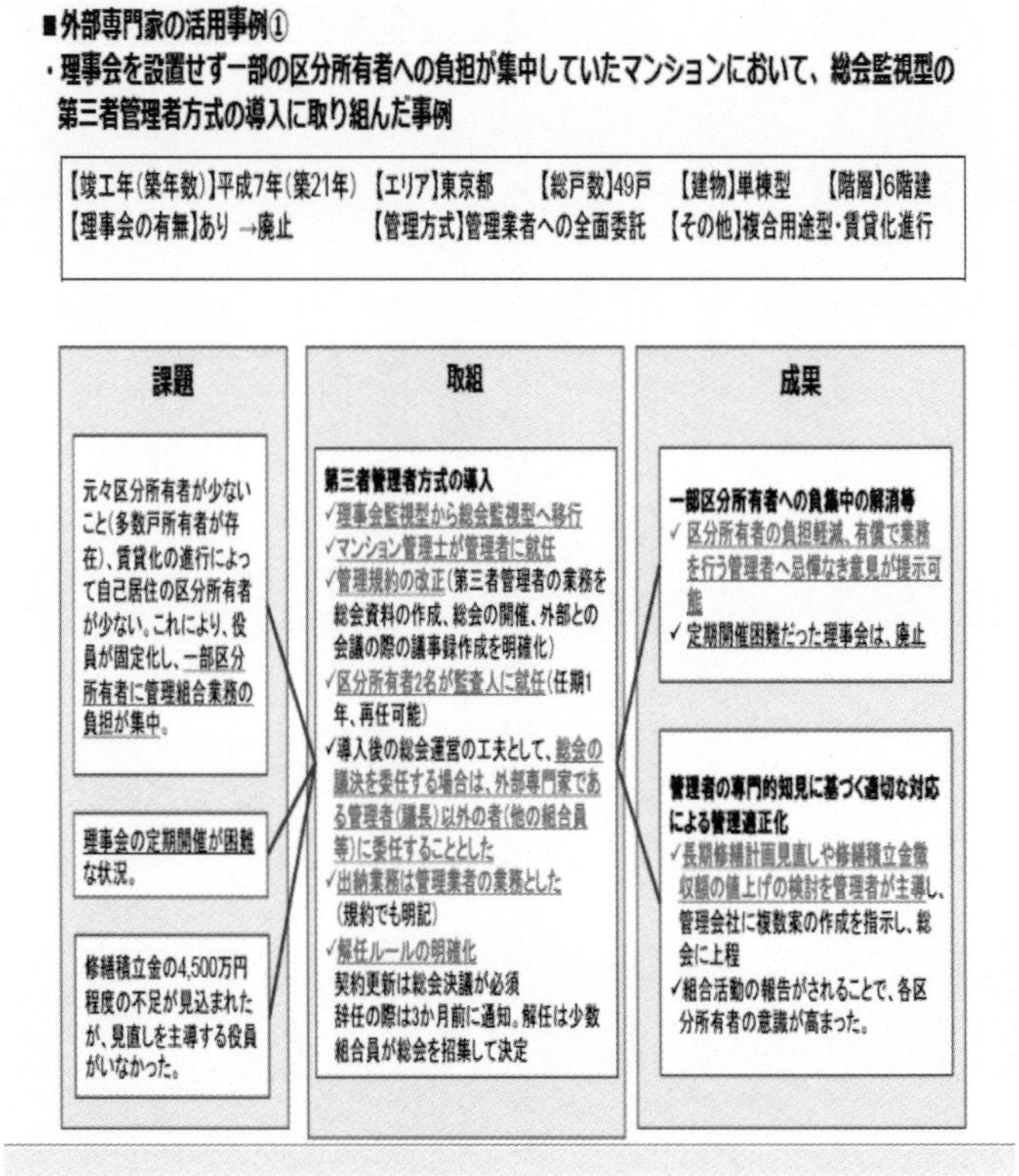
■外部専門家の活用事例①
・理事会を設置せず一部の区分所有者への負担が集中していたマンションにおいて、総会監視型の第三者管理者方式の導入に取り組んだ事例
【竣工年(築年数)】平成7年(築21年)　【エリア】東京都　【総戸数】49戸　【建物】単棟型　【階層】6階建
【理事会の有無】あり →廃止　【管理方式】管理業者への全面委託　【その他】複合用途型・賃貸化進行
課題
元々区分所有者が少ないこと(多数戸所有者が存在)、賃貸化の進行によって自己居住の区分所有者が少ない。これにより、役員が固定化し、一部区分所有者に管理組合業務の負担が集中。
理事会の定期開催が困難な状況。
修繕積立金の4,500万円程度の不足が見込まれたが、見直しを主導する役員がいなかった。
取組
第三者管理者方式の導入
✓理事会監視型から総会監視型へ移行
✓マンション管理士が管理者に就任
✓管理規約の改正(第三者管理者の業務を総会資料の作成、総会の開催、外部との会議の際の議事録作成を明確化)
✓区分所有者2名が監査人に就任(任期1年、再任可能)
✓導入後の総会運営の工夫として、総会の議決を委任する場合は、外部専門家である管理者(議長)以外の者(他の組合員等)に委任することとした
✓出納業務は管理業者の業務とした(規約でも明記)
✓解任ルールの明確化
契約更新は総会決議が必須
辞任の際は3か月前に通知。解任は少数組合員が総会を招集して決定
成果
一部区分所有者への負集中の解消等
✓ 区分所有者の負担軽減、有償で業務を行う管理者へ忌憚なき意見が提示可能
✓ 定期開催困難だった理事会は、廃止
管理者の専門的知見に基づく適切な対応による管理適正化
✓長期修繕計画見直しや修繕積立金徴収額の値上げの検討を管理者が主導し、管理会社に複数案の作成を指示し、総会に上程
✓組合活動の報告がされることで、各区分所有者の意識が高まった。

出所：国土交通省ホームページより

【図表 14　外部専門家等の役員就任の事例分析　個別事例②】

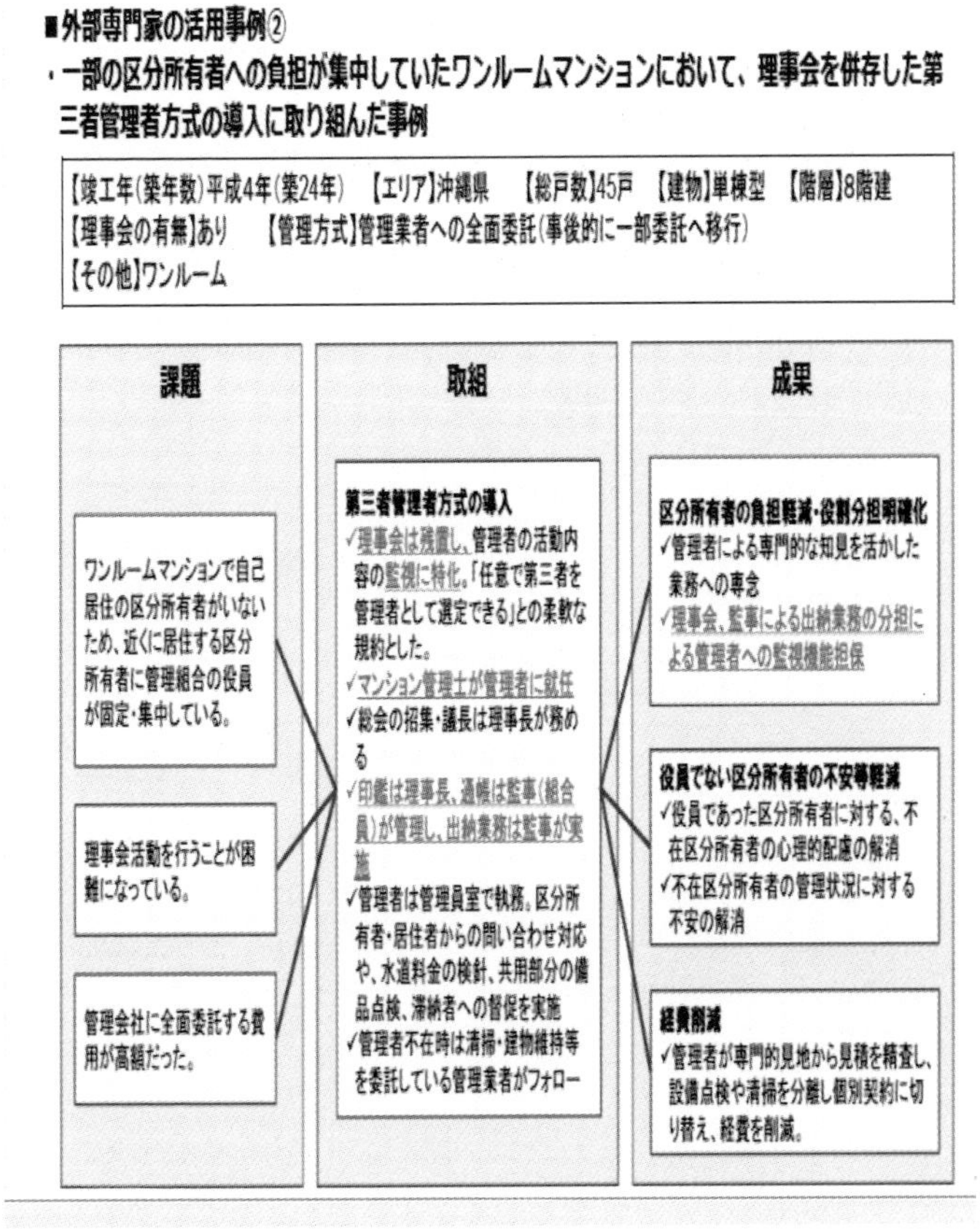

出所：国土交通省ホームページより

【図表 15　外部専門家等の役員就任の事例分析　個別事例③】

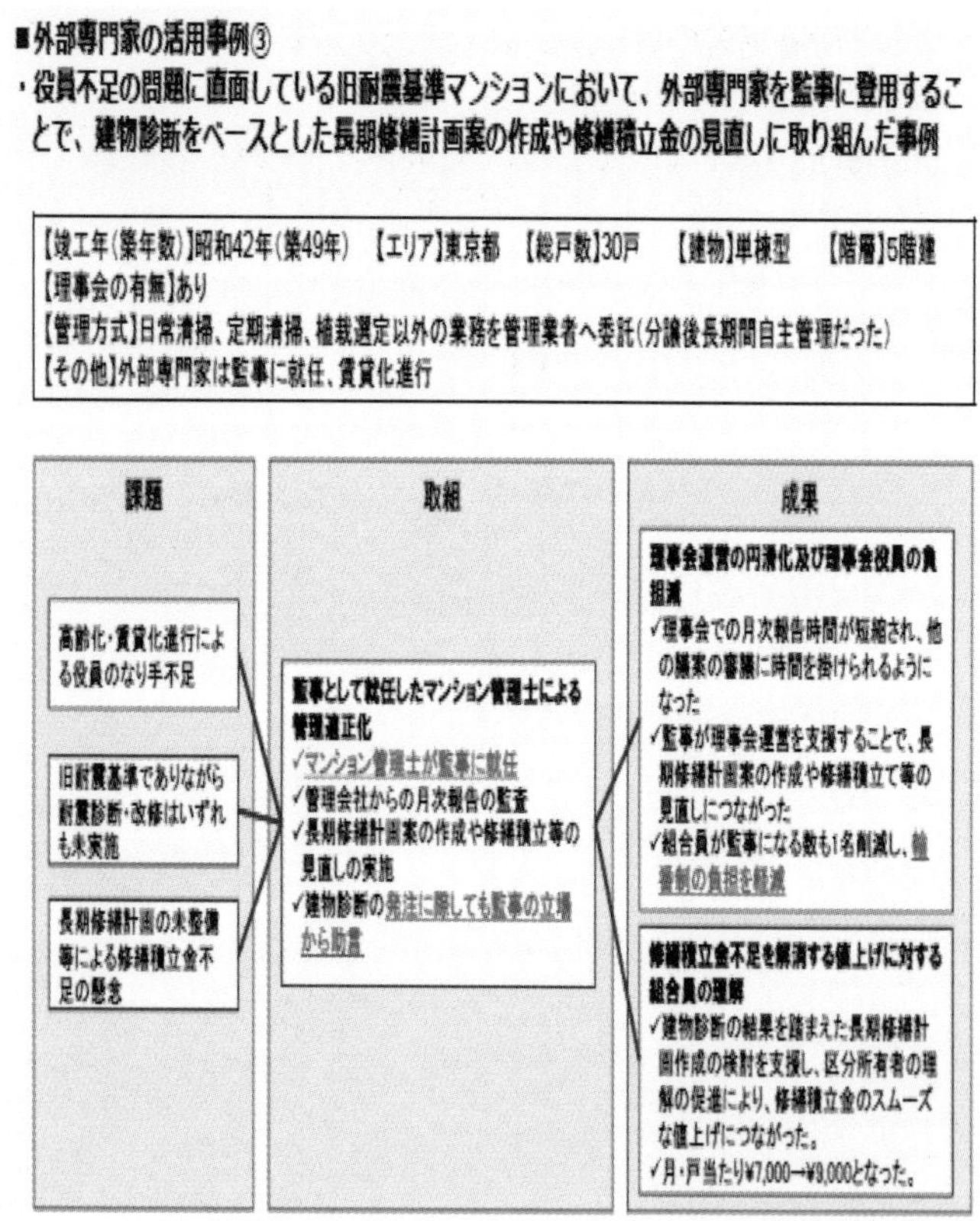
■外部専門家の活用事例③
・役員不足の問題に直面している旧耐震基準マンションにおいて、外部専門家を監事に登用することで、建物診断をベースとした長期修繕計画案の作成や修繕積立金の見直しに取り組んだ事例
【竣工年(築年数)】昭和42年(築49年)　【エリア】東京都　【総戸数】30戸　【建物】単棟型　【階層】5階建
【理事会の有無】あり
【管理方式】日常清掃、定期清掃、植栽選定以外の業務を管理業者へ委託(分譲後長期間自主管理だった)
【その他】外部専門家は監事に就任、賃貸化進行
課題
高齢化・賃貸化進行による役員のなり手不足
旧耐震基準でありながら耐震診断・改修はいずれも未実施
長期修繕計画の未整備等による修繕積立金不足の懸念
取組
監事として就任したマンション管理士による管理適正化
✓マンション管理士が監事に就任
✓管理会社からの月次報告の監査
✓長期修繕計画案の作成や修繕積立等の見直しの実施
✓建物診断の発注に際しても監事の立場から助言
成果
理事会運営の円滑化及び理事会役員の負担減
✓理事会での月次報告時間が短縮され、他の議案の審議に時間を掛けられるようになった
✓監事が理事会運営を支援することで、長期修繕計画案の作成や修繕積立て等の見直しにつながった
✓組合員が監事になる数も1名削減し、輪番制の負担を軽減
修繕積立金不足を解消する値上げに対する組合員の理解
✓建物診断の結果を踏まえた長期修繕計画作成の検討を支援し、区分所有者の理解の促進により、修繕積立金のスムーズな値上げにつながった。
✓月・戸当たり¥7,000→¥9,000となった。

出所：国土交通省ホームページより

3　マンション管理士の知名度のアップ

低い知名度

ここでは、マンション管理士の知名度について考えてみたいと思います。

私がマンション管理士を登録した当時は、マンション管理士と言ってもマンションの管理人さんか何かのように思われていました。その頃は、役所の方でさえ理解していないというのが実態でした。不動産関係の方でも管理会社関係の人しか知らなかったのではないかと思います。

その大きな原因の1つは、マンション管理士で活躍している実績のある人が少ないからではないかと思います。特に、地方では、マンション管理士としてビジネスに燃え、いろいろなことにチャレンジしている人があまりにも少ないといった状況です。高齢者が多いというのも、年金の受給があるので必死でビジネスにチャレンジするまでにいかなかったのだと思います。

私どもの会でも、管理会社勤務で定年になられた方に、「いい機会だから独立したらとすすめても、介護の問題があるので開業までは考えが及ばない」といった感じです。

方法は暗中模索

私自身は、これまで社会保険労務士や行政書士の業務に追われて、なかなかマンション管理士の業務までこなせないのが実態でした。私は、マンション管理はそれほど詳しくありませんが、会長を引き受けたので、何とかマンション管理士会の発展につながればとの思いで取り組んできました。

本当は、このような開業本などおこがましいのかもしれません。しかし、平成29年の全国の日管連の合同研修会に参加して　マンション管理士が活躍するためにどのようなことを考えればいいかを真剣に考えました。特に、地方においては、マンション管理士として活躍している身近な方がおりませんので、知名度アップは自分たちが考えるしか方法がないと思いました。

また、竹田先生が代表をしておられるランチェスター株式会社の戦略社長塾の塾長をやっている関係上、毎年、マンション管理士としての独立開業を自分自身のこととしても真剣に考えたことも本書の出版の動機の1つです。したがって、これから記載していくことは、実録ではありませんが、必ず開業には参考にしていただけるものと思っています。

4　認識の低い行政との連携

不可欠な行政との連携

マンション管理士の知名度アップには、行政との連携が不可欠です。そのため、私どもの管理士会も、県が主催する管理組合向けのセミナーに毎年呼ばれれば、会員が持回りで、各自の得意なテーマを選んで講師を務めています。

マンション管理士会ができた当初は、行政もマンション管理組合向けのセミナーなど考えていませんでしたが、今は毎年1回定期的に実施されています。

実は、このような地道な取組みが非常に重要なのです。今では、県にマンション管理の相談があれば、マンション管理士会を紹介していただけるような関係にもなってきたのではないかと思います。市役所も当会の存在は認識していただいており、昨年の日管連の総会には県も市の担当者も出席していただき、お話もしていただけるようになってきました。

また、令和4年4月改正におけるマンション管理の計画認定制度は、市町村がマンション管理が適正になされているかどうかを認定する制度です。まだ認定を受けるかどうかはマンション管理組合の任意ですが、マンションの対外的な評価を受けるためにはいずれどこのマンションも認定を受けるものと思われます。そのようになってくると、役所やマンション管理組合からいろんな形のビジネスの依頼へとつながっていくのではないかと確信しています。

管理適正化法の第5条では、管理組合の具体的な管理計画の作成基準や認定基準などが記載されていますので、興味があれば巻末の資料でご確認ください。

もっとも、都会のように相談件数が多くなってくればマンション管理士会の存在をもっと行政にアピールできるのですが、石川県では、まだマンション管理のトラブルで役所に相談されるケースが少ないのが実情です。というのも、石川県では、マンションの総数が前掲の図表5のように1万6555戸ありますが、仮に1棟60戸と計算すれば、約300棟ほどでしかなく、地方都市としては少ないのが現状かと思います。

マンション管理人の養成講座

私は、行政機関の1つであるシルバー人材センターなどの委託を受け、マンション管理士の登録後、毎年、マンション管理人の養成講座を数年前までやってきました。

なぜこの講座の依頼があったかといえば、私が、マンション管理士の登録したのがきっかけでした。最初の頃は、どのようなテキストを使って研修するか、またはどのようなプログラムで講座を進めるか悩んだものでした。

12年ほど前は、今ほど人手不足はなく、60歳以降の再就職は厳しい時代でしたので、定員30名に対して60名の応募があったりと、結構人気の講座ではなかったかと思っています。

この研修を毎年実施していく中で、区分所有法やマンション管理適正化法など、本当にどうやって教えるかで大変勉強しました。その中でわたしなりに、マンション管理のあり方というものを持てるようになりました。

この考えたことなどを講座の中でお話すると大変好評でした。例えば、「マンションは管理を買え」とはよく言われますが、どうしてなのかなど、今まで漠然としていたことが見えてきました。マンションのエントランスが綺麗にされていなければ、どんな立派なマンションでも、第一印象は悪くなってしまいます。これは、そのマンションに住んでいるすべての方のイメージにもつながってしまうというリスクがあるということでもあります。

このような十数年の講師としての経験と、その中で学び感じたことを「マンション管理人の仕事とルールがよくわかる本」（セルバ出版）として平成24年に出版させていただきました。これはある意味行政との取組み中で私のマンション管理士としての大きな仕事になったのではないかと思っています。12月にの改訂新版として出版できました。本当に感謝です。

このように行政との連携は、思わぬ効果を引き出してくれるものなのです。

5　地方でも受講しやすい研修の機会の拡大を図る

地方では実務研修も難しい

地方のマンション管理士の方は、地元でマンション管理の研修など受けて実務に応用しようと考えても、その研修を受ける場さえないのが現状かと思います。そうなると、やはり全国組織である日本マンション管理士会連合会の会員である地元のマンション管理士会に入会し、その会の研修会に参加することなどが対策の１つかと思います。

このように地方では、研修をできるまで実務経験を持った方がいないというのが現実かと思います。このようなことも、地方で活躍する方が少なくなってしまう原因の１つかと思います。

また、公益法人マンション管理センターでも研修や関連の本などを出版してくれています。しかし、研修を例に取れば、開催地は東京などがほとんどで、地方の方は費用等のこともありなかなか参加できないというケースも多いのではないかと思います。

このような現実を考えると、地方のマンション管理士は、なかなか実務経験が少ないため、マンション管理士として食べていくことはできないと大半の方が思ってしまうのではないかと思います。もっとも、これまでは1級建築士とか宅地建物取引士の業務のプラスアルファとして考えるのであれば、マンション管理士の資格は十分価値があるのではないか思われています。

しかし、そのような相乗効果を持たない、実務経験のないマンション管理士であれば、厳しい言い方かと思いますが、独立開業はそれなりの決意をもって臨まなければできない仕事でもあるというのも現実であると思います。

他の士業のようなバックアップを目指す

私の会員登録している行政書士会などは、その資格の歴史も古いこともありますが、よく開業相談と実務研修などを地元の会でも実施しており、会の先輩や地元の研修会などを通していくらか開業の形が見えてくると思います。このようなことも影響しているのではないかと思いますが、数年で大事務所になっている事務所もあります。

また、行政書士会のほうは、開業ノウハウや実務ノウハウなどを惜しみなく公開している方が多いのには感動さえ覚えます。例えば、行政書士業務でよく取り扱われている、建設業の許可申請などについても、新人の開業者に細かく研修等を通してアドバイスされているのです。

私どもの会も、いつかは行政書士会のようなレベルまで発展できればと思う次第です。

いずれにしても地方では、研修などの機会も少なく、ある意味、１つでも実務経験を積んだことが即、その人のノウハウになることになってくると思います。

例えば地方では、日本マンション管理士会連合会の受託事業であるマンション管理適正化診断サービスなど最初にやった人が、ある意味、その地方では最初のノウハウ保持者になってくるという側面も見逃せない視点ではないかと思いました。

したがって、何事も見方１つだと思います。研修が少なければ、ライバルが少なく、チャンスが逆に多い世界であるとも言えるのではないでしょうか。

他の士業との提携の模索

マンションの相談内容も、近年、次のような案件が多くなりつつあります。

①　民泊に関する相談
②　高齢者の徘徊等に関する相談
③　シェアハウスに関する相談
④　外国人区分所有者に関する相談
⑤　一括受電に関する相談

②の高齢者の徘徊等の問題などは、マンション管理士が相談を受けても、解決は大変難しい案件です。このような問題になってくると、後見人の問題とか、介護の問題とか様々な方の協力がないと解決が難しい言えます。

私は、行政書士の業務もやっているので、④の外国人区分所有者の案件については、行政書士の分野も絡んでくる案件でしょう。

このように、分譲マンションに絡んだ案件は、今後、他の士業との連携は欠かせないものになってきつつあるのではないかと思います。

特に、弁護士の先生方とは、マンションの紛争も、最近では会計帳簿の閲覧請求や、元役員に対する責任追及の訴訟等も増加してきており、提携は欠かせません。

しかし、現在は、他の士業においても、マンション管理士の存在が十分認知されていない状況下であります。私の所属している社会保険労務士会でも、他の士業との交流会に参加しませんかという案内が来ますが、残念ながらその士業の中にまだマンション管理士は含まれていないというのが現実です。

したがって、今後は、他の士業との交流をいかに推進していくかも、マンション管理士の課題の1つではないでしょうか。

第5章　どのようにして開業・独立するか

1　ランチェスター法則を応用した戦略

開業はランチェスター法則応用戦略がベスト

マンション管理士の開業に当たっては、経営の世界でよく応用されているランチェスター法則を応用した戦略がベストではないかと思います。

ここでは、小規模企業の経営戦略としてのランチェスター法則による戦略について考えてみたいと思います。

ランチェスターの法則とは、次の内容の法則です。

（競争の法則、戦闘における力関係）

・第一法則　一騎打戦の法則（攻撃力＝兵力数（量）×武器性能（質））

・第二法則　間隔戦の法則（攻撃力＝兵力数の2乗（量）×武器性能（質））…2乗がポイント。

兵力数10対6は100対36の攻撃力に、格差は広がり続ける

1914年、イギリス人の自動車会社の経営者であるランチェスター先生が、戦闘における力関係を考察して、前記の内容の法則を技術雑誌に書いた記事からスタートしました。

今では、いろいろな場面、特に中小企業の会社の経営の世界で、この競争の法則が多く活用されています。日本では、ランチェスター経営株式会社代表の竹田陽一先生などが有名です。竹田先生

は、ランチェスター戦略を大変わかりやすく分析して説明され、本やＤＶＤなども多数出版されています。

このランチェスター法則において、一般的に第一法則（一騎打戦）は小規模企業の戦略（いわゆる弱者の戦略）、第二法則（間隔戦）が大企業が取る戦略（いわゆる強者の戦略）と考えられています。

第二法則（間隔戦）の具体的事例としては、次のようなものがあげられます。

あなたがあなたの住んでいる町にケーキ屋さんを始めるとします。すでにあなたの町には、町一番のケーキ屋さんが従業員10名でお店を経営していて、新規開店のあなたのお店が仮に５人の従業員で始めるとすると、お店の商品が同じようなレベルであるとするならば、あなたのお店とライバル店の力関係は次のようになってきます。

・あなたのお店の攻撃力……５人の２乗（25）×商品のレベル
・ライバル店の攻撃力……10人の２乗（１００）×商品のレベル

商品が仮に同じようなレベルであれば、その攻撃力は５人対10人の１対２ではなく、25対１００、何と４倍の攻撃力の格差になってくるのです。

したがって、ライバル店は、第二法則（間隔戦）の強者の戦略が取れるお店になり、あなたのお店は第１法則（一騎打戦）の弱者の戦略で戦っていったほうが、２乗作用による４倍の格差をモロに受けない戦い方になってくるのではないかと思います。

このように、物事の力関係を考えるとき、この２乗して考えるということが、ランチェスター法則の考え方のポイントの1つになってくるのです。
そのため、経営において、第一法則（一騎打戦）の戦略を活用するか、第二法則（間隔戦）の戦略を活用するかは、その競争相手との力関係を考えてその都度選択・実施すれば、最も効果的な結果が期待できるものと思います。

劣勢な力関係での開業には第一法則（一騎打戦）の戦略活用がベスト

この原理をマンション管理士の開業で考えるならば、ライバルの同業者は、おそらく不動産業などの兼業者が多いと思います。したがって、仮にあなたの住んでいる町にマンション管理士業も兼業されている支店なり事務所の人員が5人おられれば、あなたとライバル店の力関係は、あなたの事務所の攻撃力＝1の2乗の1、そしてライバル店は5の2乗の25となります。

このように、マンション管理士として専業で開業するときは、ライバル店からみるとかなり劣勢な力関係であることが理解できると思います。したがって、多くのマンション管理士として独立を目指すならば、第二法則の2乗作用の力をまともに受けない、第一法則である接近戦で事業を開始することがベストな戦略であると考えます。

歴史的に見て、この戦い方である第一法則（一騎打戦）の代表的な事例としては、戦国時代の若武者織田信長の桶狭間の合戦での勝利の話が有名です。

この勝利の戦略がまさにランチェスターの法則の第一法則（一騎打戦）の活用だといえます。相手方の今川義元の約２万人の大軍に対して、信長は約２千人の兵隊で、義元のちょっとしたすきを狙った奇襲により勝利しています。

もし、信長が、第二法則（間隔戦）の戦略で真正面から正面衝突して戦ったならば、完敗していたと思います。まさしく局地戦における、第一法則（一騎打戦）の戦い方での勝利なのです。

そもそも信長は、このようなランチェスター法則など知る由もないと思います。しかし、彼は、本能的な勘で、自然とこの闘いの戦略を実行したのだと思います。この法則は、会社経営やマンション管理士の開業においても十分応用のできる考え方であると思います。

次に、読者の皆さん、事務所独立を考えるには、ランチェスター経営の竹田陽一先生が提唱されているように、経営の全体図をまず理解する必要があると思います。先生は、第２次世界大戦が始まる前にアメリカ軍によって考え出されたオペレイションズ・リサーチの手法とランチェスター法則を使って計算すると、図表16のような構成要因になると言われています。

どの項目も、人間の体に置き換えてみればよくわかる話で、頭であったり、手であったり、足であったりと、どの体の部分もなくては駄目であり、人間の体には必要な要素です。

この図表16をしっかり見れば、営業関連と商品関連の合計が経営全体の８割にも及ぶことがわかります。多くの様々なコンサルタントの方が、従業員のモチベーションアップの研修とか、社内をもっとＩＴ化しましょうとか、そうすれば会社の業績を上げられますよということで切り込んできます。確かに、どれも必要であると思い、つい多くの経営者はやるべきかどうか悩んでしまって

【図表16　経営の構成要因】

①　地域、客層、営業方法、顧客対応	53.3%	営業関連　80%
②　商品、有料のサービス	26.7%	
③　人の配分と役割分担	13.3%	手段　20%
④　資金の配分と調達	6.7%	

いるケースが多々あると思います。

しかしながら、多くの経営者からお聞きするのは、「研修後数日間は効果があったように思うが、その後は以前と変わらない」といったお話です。

やはり、このことを考える上で一番重要なことは、「今は売上構造の見直しをする必要がある」とか、「従業員のやる気づくりの研修がポイントである」等という課題は、経営の全体図から優先順位が見えてくることであり、その理解が大前提だと思います。

したがって、マンション管理士として独立ということは、すべてから最初のスタートになるので、営業関連が8割で、その中でも地域・客層・営業方法・顧客対応で53％のウエイトづけであることを前提に考えなければなりません。

商品・有料サービスは、その半分の26％のウエイトしかないということです。意外かと思いますが、商品の2倍のウエイトが地域・客層・営業方法などで、商品そのものではないのです。

例えば、一流の料理店で板前をやっていたが、自分でいざお店を持って開業したものの半年で店を閉めたなどという話は、よくお聞きします。このように、商品・資金・人でもなく、一言で言えば売り方を誤ればうまくいかないということであり、そこに開業時には最大のエネルギーをかけるということではないかと思います。昔から商品3分売り7分と言われています。

この考えが正しいかどうかと言われれば、何とも言えませんが、少なくとも私の知る限り、小規模企業の経営の全体図は、先ほどのランチェスターの法則から導き出されたものが最も合っていると言えます。何故なら、様々な会社経営でその証明がなされており、ランチェスター法則を活用した成功体験のビジネス本もよく出版されるようになってきたからです。したがって、日本の社会の中では、十分信頼できる経営哲学なのです。

現在では、多くの中小企業の社長さんにランチェスター法則は知られてきています。セブンイレブンの地域戦略は、まさしくランチェスターの第二法則の代表例の1つではないかと思います。

このように、経営の構成要因のウエイトづけを考えると、いかに立派な事務所にして人材を採用しても、経営の全体図から分析すれば、開業時には思うほど期待できるものではないことをご理解していただけるでしょう。

小規模企業の経営は、経営者の采配で9割がた決まると思っています。したがって、うちの従業員さんは能力がない、ダメだなと思うのは、結局、経営者の方の実力不足なのではないかと思われます。

また、基本的には、マンション管理士としての独立は、個人創業になるので、従業員がいるかどうかにかかわらず、9割ではなく100％マンション管理士の経営戦略で決まります。

売り方がポイントであると申しましたが、基本的にマンション管理士の方は、これまで見てきた経験でいえば、真面目な勉強熱心な方が多いように思います。したがって、独立を考えるのであれば、単なるマンション管理の知識研修ではなく、地域戦略とか、客層・営業戦略などの戦略をもっともっと勉強をするべきではないでしょうか。

そうでなければ、先ほどの板前さんのように、開業したがやっぱりだめでしたとなってしまう確率が高くなってしまいます。

2　商品計画・営業地域計画の立て方

ここでは、具体的に商品計画・営業地域計画について考えてみたいと思います。

第2章で記載しましたが、マンション管理士の仕事をさらに細分化すると図表17のようになります。

この図表17を見れば、マンション管理士の仕事の内容が詳細にイメージできると思もいます。

【図表 17　マンション管理士の仕事の細分化】

区分	業務内容	細分化業務等
管理組合運営業務	①　管理規約の改正・見直し	新規作成・細則作成・改定見直し
	②　管理費･修繕積立金の会計監査	通帳銀行印の取扱い・人件費の検証
	③　総会・理事会の運営	総会資料の作成チェック･運営のアドバイス
	④　予算案･予算改正案の作成	予算案の検証など
	⑤　管理コストの見直し･削減	清掃業者などの選定
	⑥　管理委託会社の選定・変更	管理会社の仕事の中身の検証
	⑦　大規模修繕に備えた修繕積立金の取扱い	修繕積立金のシュミレーションなど
管理組合関連業務	⑧　マンション分譲に関する相談・助言	区分所有法やマンション管理適正化法に基づき助言
	⑨　災害による緊急補修時の助言	地震などマンションの対応など
	⑩　大規模修繕工事の施工会社選定や諸手続	工事施工会社の相見積りなどによる検証
	⑪　マンション管理適正化診断サービス	管理組合の依頼による

弱者の戦略は的を絞って仕事をしていく

これらの業務が商品になりますので、これをランチェスター法則の弱者の戦略で考えるならば、一騎打戦の戦い方の戦略になってきます。マンション管理士で個人開業する弱者の戦略は、具体的には①から⑪の仕事のどれか一本に的を絞って仕事をしていくといった戦略になってきます。

また、地元で大手の不動産会社等や建築事務所の建築士などの兼業マンション管理士であれば、ランチェスター法則の第二法則の強者の戦略間隔戦の戦い方が有利になってきます。管理士の仕事で具体的に置き換えると図表17の①から⑪までを総合的に業務が展開できる戦略になってくると思います。

弱者である後発の開業は、要するに部分一位主義で目標を得意なもの1つに絞るということです。そして、誰もやりたがらないような仕事でもやっていくことです。

したがって、1級建築士などとの兼業でない実務経験の少ないマンション管理士であれば、受験勉強で十分勉強しているので、①の管理規約の改正などに的を絞った取組みも考えられます。そこを大規模修繕計画だとか業務の範囲を広げ過ぎると、逆にどっちつかずの仕事になってしまい、力が分散されてしまうことになりやすいのが現実です。

このように的を絞った経営戦略で、1回、2回とマンション管理規約の改正などを経験していくと、ノウハウが自然と身についてきます。やはり実際に経験しないと身につかないものです。

私は、社会保険労務士事務所を開業していますので、就業規則の作成や改正の依頼もよくあります。開業した頃は、ビクビクしながらやっていましたが、慣れてくるとどのような質問にも自信を持って答えられるようになりました。

マンション管理士の規約の改正も同じことが言えると思います。就業規則の改正などは、ある意味身近な業務で、いろいろな社会保険労務士の方がやられています。しかしながら、マンションの管理組合の規約の改正となると、まだほとんどのマンションではされていないのが実態かと思います。したがって、この業務をしっかりこなした分だけ、ライバルを引き離し、業務の特化が図れると確信する次第です。

営業地域を絞る戦略

次に、営業地域計画について考えてみます。

一般的に大半の方は、ビジネスを始めたら、エリアは大きいほうが有利であると考えます。さらに、テレビなどでPRできればいっそう効果があるのではないかと考えます。これができ、効果を上げるのは、第二法則を応用する強者の戦略が取れる、業界や地域でナンバーワンの会社です。

しかし、マンション管理士で個人開業するのであれば、当然第一法則の弱者の戦略である部分一位主義の一騎打戦的な戦い方となってきます。具体的には、エリアは絞るということであり、それ以上は超えないといった強い意思が必要となります。私どものような金沢であれば、金沢の中心部しか営業しないといったことかと思います。

エリアを絞ることにより、営業マンの移動時間、つまりマンション管理士の移動時間の短縮につながり、何かあっても至急対応できるといったことも一騎打戦的エリア戦略の考え方です。

マンション管理士の市場は、分譲マンションがあるところです。都会では、足立区とか品川区とか区分が容易ですが、金沢のような地方都市では、分譲マンションのほとんどが金沢市内で駅周辺となりますので、一騎打戦的なエリア戦略は限られてきます。

したがって、金沢駅半径1キロ以内などと決めて取りかかる必要があります。石川県でも能登半島の七尾市とか津幡町などにも分譲マンションはありますが、そこまでのエリアは入れないと決める必要があるのです。

私も社会保険労務士で開業したての頃、紹介でお隣の福井県のお客様があり、毎月1回訪問していましたが、移動距離とコストを考えるとどうかなと思います。このお客様1件の対応だけで丸1日はかかっていました。

何も考えないと、営業エリアが広いほうがビジネスチャンスは拡大すると思いがちですが、その戦略を取れるのは、大手の人員と資本力のあるところになってきます。したがって、個人創業のマンション管理士であれば、営業エリアは絞るということが重要ではないかと思います。

マンション管理適正化診断サービス

ところで、図表17の中の⑪のマンション管理適正化診断サービスについては、第3章で概略を記載しましたが、もう少し掘り下げて考えてみましょう。なぜならば、ランチェスター戦略の接近戦の商品戦略として取り組みやすい商品だからです。
マンション管理適正化診断サービスというのは、日本マンション管理士会連合会が管理組合から依頼を受けた業務を日管連の会員管理士会のメンバーが取り組むことができる業務で、所属のマンション管理士会が日管連の会員になっていないと業務は行えない内容になっています。したがって、マンション管理士会への入会は義務ではありませんが、入会していないとこの業務はできないことになります。

この制度の時代背景としては、マンションの高経年化が進み、給排水管からの漏水をはじめ、共用部分のメンテナンス不足による事故がマンションで多発していることがあります。その結果、各保険会社では悪化する火災保険の成績改善に取り組んできております。その中で、第三者であるマンション管理士が管理組合の管理実態やメンテナンス状況を診断することで、その結果を考慮して個々の物件に応じた火災保険の保険料やその他の引受条件を損害保険会社が決定することができるという制度システムであります。

この取組みのメリットとしては、次のようなことがあげられます。

○管理組合……管理状況に応じた保険料の節減、レポートによる改善課題の認識、損害保険会社では対応できない専門的なアドバイスの提供
○マンション管理士……固有業務の拡大、管理組合との接点の機会の拡大
○損害保険会社……保険成績の安定化

高経年マンションは、火災保険の保険金の支払状況を見ても、建築後20年を超えるマンションでの事故は全体の73%を占め、そのうち68%は漏水事故のようです。漏水事故の主な原因は、給排水設備からの水漏れが多く、区分所有者間でのトラブルの原因ともなってきているようです。

マンション管理適正化診断は、ランチェスター法則の第一法則の一騎打戦の商品としては最適な商品ではないかとも思います。まず、どこかで1位を築いていくことがポイントなのです。

3 部分一位主義とは

ランチェスター法則を深く考えていくと部分一位主義という考え方が生まれてきます。

例えば、大手の大正製薬は、リポビタンDとか風邪薬などヒット商品を次々と販売しています。このような会社相手に、あなたがリポビタンDより優れた商品を開発したとしても売れないと思います。ランチェスター法則の第一法則である弱者の戦略で考えるのであれば、リポビタンDとは全く異なる客層と販売エリアを絞ってやるということになってくると思います。

ランチェスター経営の竹田先生は、「日本の多くの会社の決算データを調べてわかったことは、業界一位の会社は業界2位の会社に比較して1人当たりの利益が圧倒的に高い」ということでした。コンビニでは、業界1位と2位では1人当たり利益が約2倍近く相違しています。このような、多くの会社の実態を考えると、業界1位のものがある会社は、利益も必然的に高くなるということになってきます。

私は、前職で、日本生命に22年間勤務していました。ご存知のように日本生命は、長い間業界一位でした。勤務していたときは、他の保険会社から見ると処遇は断トツではないかと思いました。現在はわかりませんが、当時思ったものです。これは、今考えると、やはり、業界で一位のものをかなり持っており、最終的に会社の利益を底上げしていたのだと思います。

ここで、ランチェスター第一法則である弱者の戦略で考えるならば、大企業がやらない分野で一位、すなわち部分一位主義という考えが生まれてきます。これをマンション管理士の開業で考えるならば、規約・細則などの改訂・マンション管理適正化診断サービスなどの分野、金沢であれば、金沢またはあなたの町で一番になることであると思います。

いかがでしょうか。部分一位主義という考えを持てば、いくらか自分の開業の目標が絞られてくると思います。あなたはどのような業務で地域ナンバーワンを目指しますか。

4　独立・開業はいつがベストか

ここでは、独立・開業はいつがベストかを考えてみたいと思います。

独立のキッカケは、いろいろなケースがあります。会社に使われるのが嫌だ、自分で夢のある仕事をしたい、定年後何かやってみたい、自由に仕事をしたいなど、様々な動機があることでしょう。

ちなみに、私の開業の動機は、45歳早期定年制度で早期退職を選択すると独立支援制度の適用などがあったことも動機の1つです。あの頃は、同じように退職した方が結構おられました。

私は、在職中に社会保険労務士などの資格を取得して、地元の社労士会にも登録していました。また、開業前から独立している方の体験なども聞いていたので、意外と独立への決断は迷いがありませんでした。今思えば、45歳での独立は、タイミング的にはベストであったかと思います。

もちろん、独立時に家族がいる方であれば、低収入の期間どうして生活していくかなど解決しておくべき課題はいろいろあります。

私と同様に早期退職した知人の何人かも、数年後、「会社に残っておればよかった」と後悔したようです。これは何を意味するかと言えば、そうです独立開業は難しいことだということなのです。

独立開業は難しいことだが

2011年の「中小企業白書」によると、独立して1年で約4割が廃業、10年間同じ会社を経営している人は2割弱しかいないというデータになっています。

ここで独立のキッカケによる独立のパターンを考えてみましょう。

○その1　会社が嫌になった。使われるのが嫌だ

このケースでの独立は、大変厳しいと思います。社長は、使われる人の何倍も苦労するものです。

○その2　自分で夢のある仕事をしたい

このケースは、計画された事業計画があり、強い意思があれば、年齢に関係なく成功の可能性大。

○その３　定年後何かをやってみたい

このケースは、私のようなケースです。年金が十分ある方とない方で働き方は相違してきます。マンション管理士での兼業を含めた開業であれば、年金がベースにあることで独立開業が比較的多いのではないかと思います。

以上、３つのパターンを見てきました。あなたは、どのタイプになりますか。

もし、「その1」のケースであれば、会社を辞めないでとことん頑張ってみることです。その後何が見えてくるかです。

「その2」のケースは、例えば、管理会社に勤務しており、これまでの経験などをこのマンション管理士の仕事で生かして勝負してみたいなどがあると思います。このようなケースであれば、成功する可能性は大で、不動産業等と兼業で独立するといったパターンも多いのではないかと思います。

それでは、「その3」のケースはいかがでしょうか。私は、定年後開業した社労士とか行政書士で大きく事業を延ばした人は、これまで見たことがありません。この現実を考えると、年金受給による生活の保障と加齢による体力の衰えにより、40代、50代のようには働けないという現実があるのではないかと思います。私自身、現在66歳ですが、60歳を過ぎて体力や気力の衰えを多少とも感じることがあります。

この現実を考えると、マンション管理士として独立開業は1人でもできますし、また、顧客であるほとんどのマンションの管理組合の役員は高齢者が多いので、定年後の起業であっても十分対応できる仕事ではないかと思います。ただし、他の士業のように市場が成熟していないので、数千万円とか億までは稼げませんが、何とか努力すれば月に30万円か40万円は稼げる市場です。

ここで1つ注意する点としては、国民年金の老齢基礎年金は対象外ですが、厚生年金の老齢厚生年金を受給している場合、年金と給与の月額合計額が、64歳までは28万円、65歳以降は47万円を超えると老齢厚生年金のいくらかが支給停止になってきます。

仮に63歳の方で、役員報酬50万円、厚生年金10万円を受給している場合は、年金が全額支給停止になってしまいます。このような年金の支給停止の制度があるため、定年後は働かないという方も中にはおられるわけです。

しかし、マンション管理士としての個人創業であれば、社会保険である厚生年金制度は加入対象外ですから、老齢厚生年金との併給調整はありませんので、いくら役員報酬があっても問題ありません。ただし、法人で開業すると、社会保険の加入が義務になりますので、年金の併給調整の対象となってきます。

もっとも、マンション管理士としての独立開業は、ほとんどが個人創業になると思われますので、年金との併給調整のことは考えなくてもいいのかもしれません。

現在の日本は、ご存じのように人手不足の時代です。以前のように60歳定年で残りの人生を年金生活でといった方は少なくなり、65歳まで再雇用で働くといったことが一般的になってきています。

こうした時代の流れを考えると、マンション管理士の市場は、これから十分期待できると思います。したがって、定年後のマンション管理士としての独立開業は、これからの生き方の選択肢として十分考える価値のあることかと思います。

5　業績の98％は社長で決まる

独立開業・兼業でやるケースでは、従業員を雇用することにもなります。ここで考えなければいけないのは、従業員10人未満の零細企業の実績は98％以上、いや１００％社長の実力で決まるということです。

私は、日常的に様々な会社を訪問しますが、いつも思うことは、社長さんと従業員さんと何となくキャラクターが似たような人が多いということです。中小企業では、常に一緒に仕事をされていることが多いので、考え方とかがだんだん似てくるのだと思います。この関係は、皆さんの身近な夫婦を見ていただければわかると思いますが、ご夫婦って本当に似た雰囲気を醸し出すものです。

このように、社長の考えがそのまま社員の思考パターンになってきますので、私はほぼ１００％零細企業の会社は社長の実力で決まると思います。したがって、マンション管理士で独立して人を雇用しても、すべて経営実績は自分にあり、従業員ではないということを肝に銘じておかなければなりません。

また、業績のいい会社は、従業員が在社しているいないにかかわらず、事務所には明るい雰囲気が漂っているということです。何となく会社の空気が違います。

社長の経営実績・実力はどうすれば高められるか

では、どのようにしたら、社長の経営実績・実力を高められるかですが、マンション管理関係の業務知識の修得のための研修参加はもちろん、それ以上に営業方法とか顧客対応等の戦略の勉強が必要となります。

本書で紹介しているランチェスター経営の竹田先生は、経営の本など多数出版されておりますので、参考になるでしょう。例えば、ハガキを使った営業対策が紹介されていますが、これなどは一番経費が掛からないで取り組めるので、ぜひとも実施されてはいかがかと思います。

具体的には、エリア内の分譲マンションの管理組合理事長宛に毎月ハガキを出してみることです。時々の挨拶のほか、セミナーや法改正の案内など、売りを全面に出さない情報提供に絞った内容です。

何年も出し続けていれば、何かあったら相談してみようとなるのが人間です。1枚63円を3年間毎月投函しても63円×12×3＝2，268円です。仮に50棟出したとしても、3年間約11万円の経費です。このうち仮に10棟の管理組合と顧問契約にいたれば、毎月40万円ほどの売上につながってくるのです。

経営の勉強上の注意点

経営の勉強をするに当たって注意しなければいけないのは、経営というのは形がないので、ある意味宗教的な側面があります。あるコンサルタントは、夢を持てば成功するとか、別のコンサルタントは、すべてに感謝の心を持てば成功するとか、または掃除を徹底的にすれば成功するとか、様々なことを言われております。私は、どれも間違いではなく、正しいと思います。

どのような考え方をベースに事業を始めるかは自由ですが、1つ言えることは、形のない経営戦略の中で、唯一ランチェスター法則の応用が形のある経営戦略ではないかと考えます。

6　地方のマンション管理士こそ今がチャンス

「地方のマンション管理士こそ今がチャンス」と先に述べましたが、実は、私も、平成29年、日本マンション管理士会連合会の合同研修会があるまではそこまでの思いがありませんでした。

しかし、自分に与えられたセミナーでの課題のレジメを作成したり、日管連でのその他のマンション管理士さんの成功体験談など聞いていると、マンション管理士の活躍は意外と地方こそあるのではないかと真剣に考えるようになりました。

そこで、ここでは、日本マンション管理士会連合会の研修会において、京都府会のマンション管理士である前島英史氏の素晴しい体験談がありましたので、参考のために紹介させていただきます。

・前職：呉服関係
・登録：平成22年

●管理士試験を受けるまでの経緯

・呉服関係の業績低迷による将来への不安

・従業員に分配できる余力のある間に廃業

・工場跡地に賃貸マンションを計画

・マンションについては全くの無知

・リーマンショックにより計画を躊躇

・平成21年、初めてマンション管理士の存在を知り、通信教育で勉強。平成22年合格

●管理士試験合格直後

・試験に合格したが何をしたらよいかわからず、情報収集のため本屋徘徊

・マンション管理士で独立開業して確実に成功している本の著者に連絡

・著者が代表を務める認定講習を受講後、地元のマンション管理士会に入会

●講習を受講して

・知らないことばかりでチンプンカンプン

・受講者にもレベルの差があり、落ちこぼれでショック

☆心に残ったこと（忘れてはいけないこと）

・「個々のマンション管理士が自らの能力を高め、管理組合の抱える諸問題を的確に解決するなど様々な実績を積み上げ、相談者側の信頼を獲得していくことにより、初めてマンション管理士と

しての業務は成り立つものである」国交省住宅局マンション管理対策室（マンション管理士活用方針対策検討会報告書抜粋）

☆宝物
・先輩や講習同期との出会い

●マンション管理士会では
・月１回の研修会に参加
・無料相談会に参加

☆悩み
・知識のインプットは進むが、アウトプットする機会が少ない
・管理組合や相談者との接点が難しい
・マンション（現場）で学ぶ機会がない

●現場へ出る
・講習受講の半年後に東京の有名な先生に弟子入り
・地元での活動に限界を感じており、本でいくら知識を習得しても現場を知ることが必要
・毎月１回東京のマンションへ同行し、理事会や総会を初めて経験する

●現場での経験（学んだこと）
・様々な場面での受け答え、助言等のタイミング

・理事会等での問題点の把握
・他のマンションでの事例
・提案力
☆現場で同行することによる貴重な体験

●管理組合や区分所有者との接点

・地元管理士会の相談会
・ホームページ
・紹介や口コミ
・独立事務所を持つこと
☆いろいろなところに顔を出す（顔を売ることが大切）

●相談会からの事例（複数で対応したが、その中から選ばれ、相談者から後日連絡が入った）

・初めての顧問契約（登録後1年半）

分譲後1度も総会が開かれていないマンションで、分譲主が理事長で、管理会社のオーナーのケース。管理会社が無登録業者のところを5分の1請求による総会開催請求で理事長解任および新役員を選出、そして管理会社との委託契約解除その後3か月間の自主管理。

●ホームページからの事例（リプレイスに関する案件）

・HPを見たとのメールが理事長から入る

・地元ではＨＰ開設者が少ない
・少ない中で実績等を比較
・最終的に管理組合の目的に合致
・スポット業務として契約
☆ＨＰを開設することは非常に大切

●紹介による事例（弁護士からの紹介）

・弁護士事務所が主催する勉強会に参加
・弁護士への相談
・弁護士への相談者の紹介
☆ある意味持ちつ持たれつの関係であるが、いろいろなところへ顔を出すことが必要

●成業を目指して

・強い意思を持つ（何が何でもマンション管理士で食う）
・所属している管理士会の役員を経験する（管理組合と似ている）

前島様の成功事例を見てみると、本当に参考になるものがあります。

この事例の中で、地元のマンション管理士会ではなかなかマンション（現場）で学ぶ機会が少ないとありますが、これが地方のマンション管理士のホンネの部分の1つではないかと思います。また、インプットは進むがアウトプットする機会が少ないなど、これも地方の実態でしょう。

前島様のように、東京の先生のところに弟子入りできればいいのですが、なかなか地方ではそうもできないのが現実です。

では、どうすべきかですが、ランチェスター法則のところの経営の全体図の中で記載しましたが、ここの壁を破るのが営業方法とか顧客対応等の戦略をいかに実行していくかではないかと思います。そして、その結果としてお客をつかみ、1つでも経験したことが現場での一番の勉強であり、即その人のノウハウになってくるのです。

ライバルがほとんどやっていない業務なので、最初に手掛けた人がその地域で一番のマンション管理士になってくるわけです。何かで一位を取ったら、次に関連するものでも一位を取っていくというのが、個人創業のマンション管理士の戦略の1つではないかと考えます。

また、この成功談の中に、「個々のマンション管理士が自らの能力を高め、管理組合の抱える諸問題を的確に解決するなど様々な実績を積み上げ、相談者側の信頼を獲得していくことにより、初めてマンション管理士としての業務は成り立つものである」国交省住宅局マンション管理対策室（マンション管理士活用方針対策検討会報告書抜粋）とありますが、まさにそのとおりであると思います。

自ら能力を高め、実績を積み重ね、信頼を獲得していくこの基本姿勢が大変重要であると、改めて成功事例を考えてみると思い知らされます。

第6章　人手不足・高齢化社会でのマンション管理士の魅力

1　老朽・建替え、高齢者の1人暮らしで課題は増加

マズローの欲求5段階説

ここでは、人手不足・高齢化社会でのマンション管理士の魅力について考えてみたいと思います。

高齢化社会を考えるに当たって、人間の欲求というものについて考察してみましょう。

人間の欲望を理論的に解明したものとしては、アメリカの著名な学者であるマズローが提唱したマズローの欲求5段階説（図表17）が有名で、今日いろいろな分野で活用されています。

その内容は、人間の欲求というのは、生理的欲求、安全欲求、親和欲求、承認欲求、自己実現欲求と、1つ欲求が満たされるとだんだん上へレベルアップしていくというものです。

私はマンションの管理にもこの法則は当てはまるものであると思っています。

最初マンションを購入された段階が最初の生理的欲求段階です。これは、マンションを買って、自分の生活の基盤がようやくできたと満足する段階です。したがつて、他の区分所有者のことなど気にかけない時期です。

ここから安全欲求の段階は、生活もやっと落ち着いて、その他の隣近所などの住人と仲よく暮らしたいというステージです。この段階が過ぎれば、マンションの中で他の住民とかかわりたいなど親和欲求の意識が芽生えます。この段階までくると、住民の意識もこのマンションで快適に暮らすにはど

【図表 18　マズローの欲求５段階説】

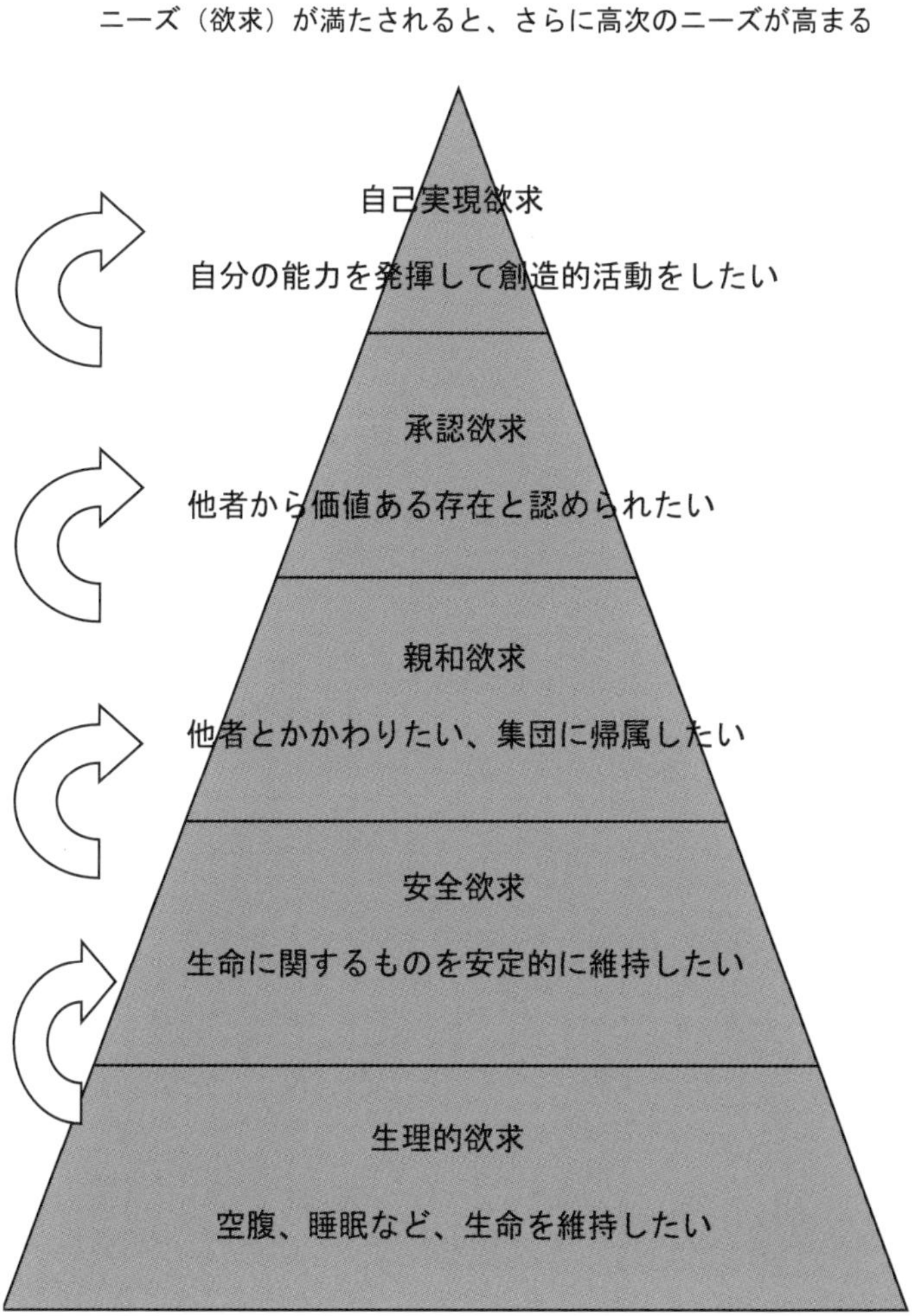
ニーズ（欲求）が満たされると、さらに高次のニーズが高まる
自己実現欲求
自分の能力を発揮して創造的活動をしたい
承認欲求
他者から価値ある存在と認められたい
親和欲求
他者とかかわりたい、集団に帰属したい
安全欲求
生命に関するものを安定的に維持したい
生理的欲求
空腹、睡眠など、生命を維持したい

のようにしたらいいかということを考えてくる段階です。もし、マンションの区分所有者の意識がこのレベルまでが育ってくれれば、マンションの管理も非常によくなっていくのではないかと思います。

さらにレベルアップすれば、理事長などやってみたいという承認欲求が生じてくることでしょう。

このような人間の欲望のことを考えると、マンションの管理組合は、どのステージのタイプの区分所有者が多いかなどによっても対応が変わって来ることになります。

このようなマズローの欲求5段階説から分析すると、新しいマンションの場合は生理的欲求が多いマンションとなり、老朽・建替えという問題感覚さえ起こってこないでしょう。

したがって、この項のテーマである、老朽・建替えのマンションとなると、マズローの5段階説では大半の方がマンション管理に関しては安全欲求どまりの方々です。組合の理事長をやってマンションの住みよい環境づくりのために頑張り、皆に認められたいといった承認欲求レベルまで達している方は、ほとんどおられないと思われます。

このような実態を踏まえて、建替えや高齢化の問題を考えていくとなると、ご主人が亡くなり、おばあちゃんが1人で住んでいるといったケースが今後多くなってくると考えられます。読者の皆さんいかがでしょうか。80歳のおばあちゃんが立替えなどの細かい対応ができるでしょうか。

区分所有法上の建替えの規定

ご存知のように建替えは、区分所有法に次のように定められています。

（建替え決議）
第62条　集会においては、区分所有者及び議決権の各５分の４以上の多数で、建物を取り壊し、かつ、当該建物の敷地若しくはその一部の土地又は当該建物の敷地の全部若しくは一部を含む土地に新たに建物を建築する旨の決議（以下「建替え決議」という。）をすることができる。

いわゆる建替え要件の条文です。これは、集会の決議で最もキツイ5分の4が要件になっています。したがって、10戸区分所有者のマンションであれば、８人以上の区分所有者の同意がないと建替えができないということです。逆にいうと、３人の反対者がいれば、そのマンションは、現状の日本の法律では、原則として永遠に建替えはできないということになります。

高齢のおばあちゃんが、お金がないので建替えに反対しても、5分の4要件で成立すれば建て替えざるを得ないのです。もし、これに同意しなければ、次の条文でマンションを売り渡さなければならなくなってしまいます。

（区分所有権等の売渡し請求等）
第63条　建替え決議があったときは、集会を招集した者は、遅滞なく、建替え決議に賛成しなかった区分所有者（その承継人を含む）に対し、建替え決議の内容により建替えに参加するか否かを回答すべき旨を書面で催告しなければならない。

これもあまり知っている方は少ないと思います。これは、前条の建替え決議に賛成しなかった区分所有者に対して、決議が成立したときはそのマンションを強制的に売り渡してもらうことが定められています。

したがって、建替えに反対した方は、反対してもこの売渡請求権によってそのマンションから出ていかなければならないわけです。そのため、マンションは、結局、一戸建の建物の所有権とか、土地所有権のような所有権絶対という考えは当てはまらないのです。

分譲業者は、販売時に「区分所有権は絶対ではない。多数決で行く末は決まる」と本当は説明するべきなのです。しかし、業者は、絶対に口が裂けても説明しないでしょう。さらには、管理組合員になってからの「1票」の議決権の持つ意味さえ説明しませんから、すべて購入後その意味を知ることになるのが実情です。

皆さん、こんな法律があることを知っていましたか。やがて、どんな区分所有者の方も、ご自分のマンションが50年近く経過すれば、直面することになります。

逆に、マンションの建替えに反対で、マンションの権利から離脱したいという希望であれば、この売渡請求権の行使により、マンションの権利から離脱できることになります。また、投資用マンションとかで、マンションの権利から離脱したいような方はこの段階での離脱も可能ということになります。

老朽・建替えは、このような区分所有法の定めになっているのです。このような法律をおじいちゃん・おばあちゃんが理解できるはずもないのです。ここで頼りになるのが、建替え業者でもない、管理会社でもない、管理組合でもない、中立の立場でコンサルティングできるマンション管理士ではないかと声を大にして申し上げます。

2　管理組合の役員のなり手が少ない

管理組合は役員のなり手が少ないということについて考えてみたいと思います。

国土交通省が発表している標準管理規約には、次のように定められており、その組織図は図表19のようになっています。

（専門的知識を有する者の活用）

第34条　管理組合は、マンション管理士（適正化法第２条第五号の「マンション管理士」をいう）その他マンション管理に関する各分野の専門的知識を有する者に対し、管理組合の運営その他マンションの管理に関し、相談したり、助言、指導その他の援助を求めたりすることができる。

（役員）

第35条　管理組合に次の役員を置く。

一　理事長

二　副理事長　〇名

三　会計担当理事　〇名

四　理事（理事長、副理事長、会計担当理事を含む。以下同じ）〇名

五　監事　○名

2　理事及び監事は、組合員のうちから、総会で選任する。

3　理事長、副理事長及び会計担当理事は、理事のうちから、理事会で選任する。

「外部専門家を役員として選任できることとする場合」

2　理事及び監事は、総会で選任する。

3　理事長、副理事長及び会計担当理事は、理事のうちから、理事会で選任する。

4　組合員以外の者から理事又は監事を選任する場合の選任方法については細則で定める。

この管理規約のように、マンション管理士のような専門家を役員にするということは、国土交通省も推奨しているわけです。

第4章で、第三者管理方式の具体的事例を紹介していますが、さらに簡単にまとめると図表20のようになります。

具体的には、図表20のように外部専門家を理事長に選任したり、理事長以外に外部専門家を管理者として選任するなどの第三者管理者方式を採用しているマンションも増えてきています。

役員の高齢化や役員のなり手がいないなどの理由から、この第三者管理者方式はどんどん浸透していくのではないかと思われます。

この方式でマンション管理士が組合資金口座印を預かるときは、管理組合損害補償金給付という制度によって、マンション管理士の故意・不正行為等による管理組合に対する損失を補償する制度

【図表 19　管理組合の組織図】

「管理組合」

分譲マンションのオーナーは、本人の意思とは無関係に、管理組合の組合員になります。そして、組合員としての、権利と義務が発生します。

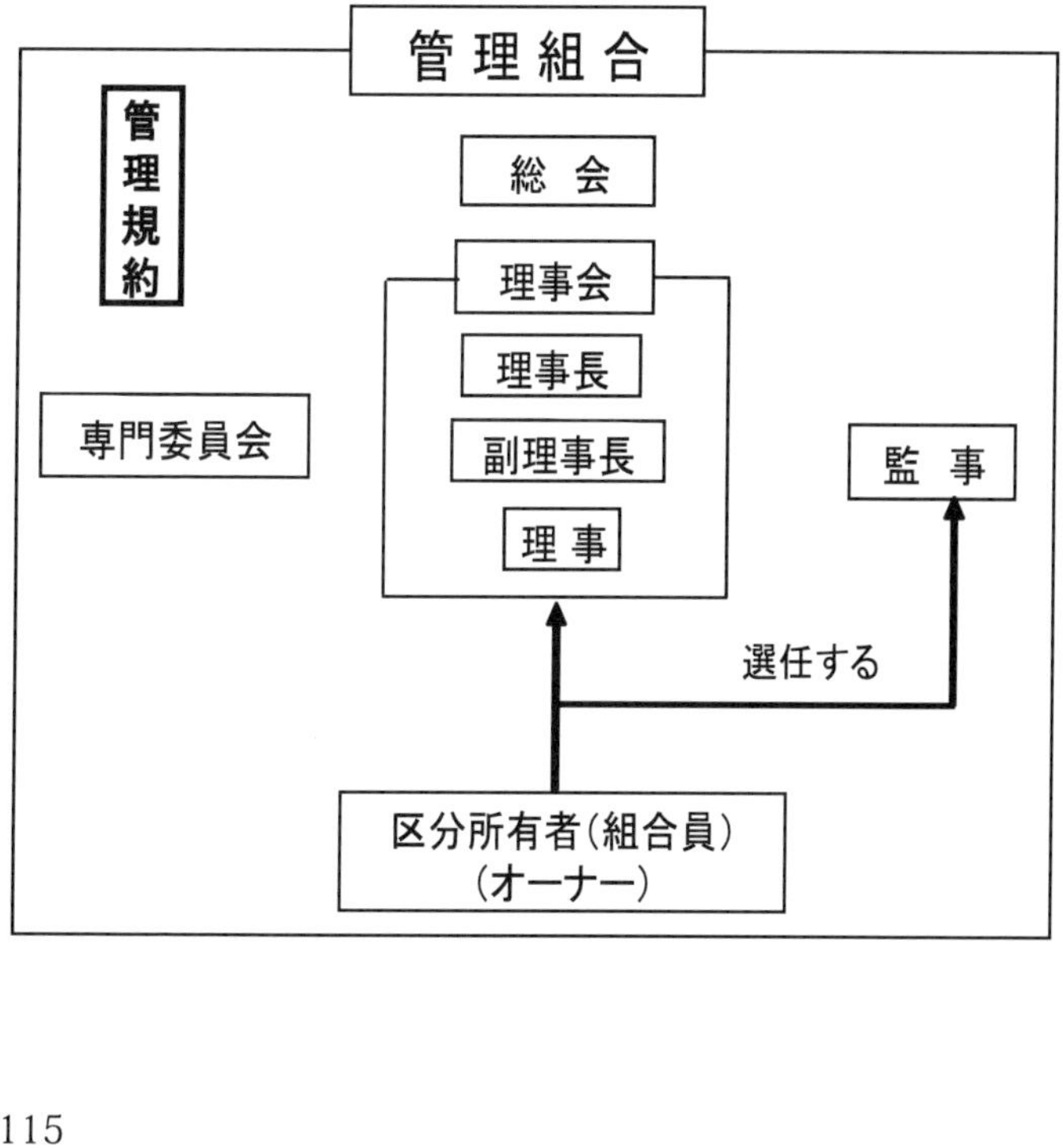

【図表 20　外部専門家の活用状況】

1−1 外部専門家の活用状況

■管理組合アンケート調査

■外部役員を選任している管理組合は、1.1%（5組合）。
■ 5組合では、役員としてマンション管理士（管理業務主任者との兼務を含む）、建築士が選任され、総会・理事会の開催・運営、長期修繕計画の作成・見直し、大規模修繕工事の実施などを行っている。

図　外部役員の選任状況

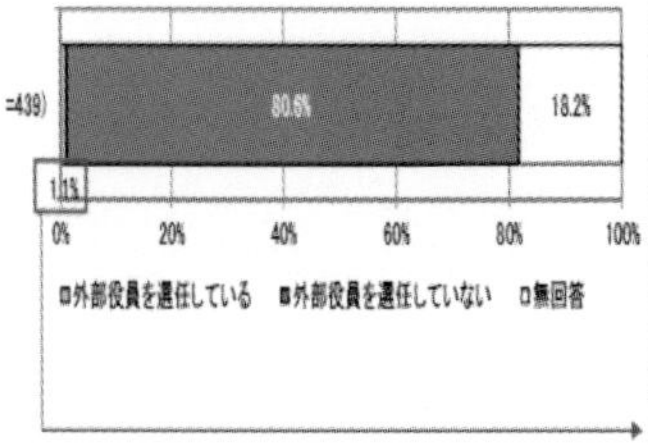

資料）国土交通省調査（平成28年12月）

表　5組合における外部役員の活用

所在地	築年	戸数	棟数	管理事務の方法	資格	専門家が行っている業務内容
東京都	2000年以降	約300戸	団地	完全な委託管理	マンション管理士	総会の開催・運営 理事会の開催・運営 管理規約の改正 大規模修繕工事の実施
神奈川県	2000年以降	約500戸	団地	完全な委託管理	マンション管理士	総会の開催・運営 理事会の開催・運営 管理規約の改正
大阪府	2000年以降	約80戸	単棟	完全な委託管理	マンション管理士（兼）管理業務主任者	総会の開催・運営 理事会の開催・運営 管理規約の改正 長期修繕計画の作成・見直し
長野県	1980年代	約90戸	単棟	完全な自主管理	建築士	長期修繕計画の作成・見直し 大規模修繕工事の実施 耐震診断・改修工事の実施
東京都	1990年代	約120戸	単棟	完全な委託管理	建築士	理事会の開催・運営

出所：国土交通省ホームページより

も日本マンション管理士会連合会の加入員であれば条件を満たせば適用対象になってくるようです。

その結果として、管理組合が安心してマンション管理士による第三者管理者方式を採用することができます。

このようにマンション管理士の業務は着々と管理組合に浸透していっているのです。

3　マンションのコンサルティングは人生経験豊富な方がベスト

マンション管理の第三者管理者方式の採用の話をしてきましたが、実際にその業務に着任したならば、その能力が問われることになってきます。

また、マンションの管理組合の役員との打合せや管理組合の臨時総会とか定期総会は、皆が参加しやすい休日が多くなるので、日曜や祭日の業務が多くなってしまう傾向があります。

したがって、働き改革が叫ばれている近年では、若い人は年間休日１１５日以上とか、日曜祭日の勤務はできないとか、このような労働条件をかなり意識して入社する会社を決めているようです。ということであれば、若い人からは、このマンション管理士の仕事は敬遠されがちかもしれません。

さらに、管理組合の役員はどうしても年配の方が多いので、ある意味マンション管理士の方は、定年退職者でマンション管理士として開業された方なども十分コミニケーション対応できる業務であるといえます。現に、日管連の総会で、マンション管理士として開業活躍されている方は、結構60代、70代の方が多いのには驚きの感がありました。この現実を分析すると、マンション管理のコンサルは、一概には言えませんが、人生経験豊富な方が向いているのではないかとも思えました。もちろん若い方でもバリバリやっている方もいます。

これらの業務につても、地方のマンション管理士で実際に経験している方はほとんどいないのではないかと思います。東京などでは、その事例のお話はお聞きしますが、地方ではまったく進んでいないと言ったほうが正解ではないかと思います。管理会社も絡んでくるので、実際に経験すればまさしくその分野で、その地域では確実にナンバーワンになります。1回、2回と経験する度に、やがて自信もついてくるようになってくることでしょう。

私は、前職で日本生命に勤務していましたが、年収数千万円も稼ぐ女性営業マンの共通項は、どの方も聞き上手であるということです。最後に一言二言ほど話されるくらいです。したがって、管理組合の方との相談などは、基本、聞き役に徹し、相手のお話を十分聞いてあげることが重要であると思います。

マンション管理士会の無料相談会においても、相談者が一方的にお話をされてくるのが特徴的であったような気がします。とにかく風船のように不満ストレスが溜まっていますので、そのストレスのガス抜き感覚で風船を小さくしてあげることが、コンサルティングのポイントと言えるでしょう。

ちなみに世間の奥様方は、ご主人に1日数万語しゃべらないとストレスが溜まるようです。実感しませんか。自宅に帰ると奥様がとにかく話してきませんか。何も難しいことを話すのがコンサルでもないのです。じっくり相手の話を聞いて、もしわからないことがあれば、「後ほど調べて連絡します」とかで対応すればいいのです。

このような繰返しがノウハウになり、あなたがあなたの町で一番のマンション管理士になっていくと確信する次第です。

4　マンションはなくならず、存在している限りマンション管理士の仕事は続く

仕事の将来は

マンション管理士の仕事の将来はどのようになっていくのか、本書の読者は大変気になるところでしょう。あなたはどう思いますか。今、流行りのＡＩにより事務職の仕事は大幅に少なくなっていくとか、無人カーにより運転手の仕事も減少していくとか、様々なことが言われています。

ところが、マンションが存在している限り、マンションの管理組合は存在し続けます。したがって、マンション管理士の仕事がなくなるということもあり得ないでしょう。

管理組合相手の仕事は、コミケーションが重要な役割を占めており、ＡＩで簡単に置換えができるものではありません。

ユニクロやパナソニックでは、ここ数年の新卒採用の8割が外国人であるとか。また、日本は、少子高齢化で、2005年から人口が縮小に向かい、若者に比べて消費が少ない年配者の人口ばかりが増えつつあります。このような時代の大きな変化の中で、マンション管理士という仕事はどのような流れをとっていくのでしょうか。

私は、ITを通して、「カネ」とか「情報」「もの」は国境が徐々になくなっていくと思いますが、「ひと」は国境を越えるのにかなりの時間を必要とすると考えます。

それにも増して、国内にある不動産、その中でもマンションの管理は、IT化が進みにくい、日本文化を詳しく理解していない外国人には、なかなかできない分野であると思います。様々な職業の年代の住人の多いマンションの管理は、きわめて人的資源によるところが多い分野であることは確実です。

マンションの管理士の仕事を単なるマンション管理のコンサルタントと受けとめれば、マンション管理士以外の方でもできないことはないかもしれません。しかし、マンションの組合員のためにマンションの資産価値を守ってあげるんだというように前向きに考えていくならば、マンションの管理組合との良好な人間関係の構築とか、将来のマンションの修繕等も一緒になって考えていくといった観点で、プロとしてのマンション管理士のこれまでの豊富な人生経験と人柄が仕事に与える影響力は想像以上にあると思います。

例えば、管理組合の理事長が、ある区分所有者の方から、「上の階の子供の歩く音がうるさいので何んとかならないか」と相談をうけた際、直接上の階の人にその苦情を事務的に処理連絡すれば、場合によっては上の階と下の階の住人でトラブルに発生してしまうかもしれません。

このような場合、マンション管理のプロである人生経験豊かな管理士が相談を受け、アドバイスして、解決に当たれば、同じ解決でも違ってきます。

とかくマンションでは、1度人間関係が崩れると、それを修復するのには大変です。かつて団地では、壁1枚隔てた隣のピアノの音で殺人事件に至ったケースもあります。この辺が、一戸建のお住まいの方と大きく相違してくるところでしょう。

それを踏まえて、管理組合の方が、信頼と感謝の気持ちで接していただければ、これほどやりがいのある仕事も他にはあまりないはずです。

読者の皆さん、マンション管理士は、日本の社会の良好な社会資産を維持し、守っており、大切な社会的使命を担っていると私は思っています。

5　1度顧問になれば継続性が高い

マンション管理士が、第三者管理者方式などで、マンションの管理組合の役員として顧問になる場合、その契約の継続性はどのようなものでしょうか。

私は、社会保険労務士として多くの中小企業と顧問契約していますが、継続率は95％前後にのぼります。継続されないケースとしては、顧問先が会社を辞める、会社を譲渡する、同業他事務所への乗換えを中心に、様々な理由によります。

マンション管理士については、組合を辞めるというリスクはマンションが滅失しない限りあり得ません。次に、組合を譲渡するといったようなこともあり得ないと思います。3つ目のリスクであるライバルへの乗換えですが、これに関しては、十分想定されることであると思います。

ところで、管理会社の乗換えは、近年珍しいことではなく、金沢でもよく聞く話です。管理会社とマンション管理士の立ち位置は相違しますが、お客様である管理組合から見れば、大差なく映るのではないかと思います。したがって、マンション管理士として顧問になっている案件は、まだ少ないケースかと思いますが、この制度が浸透していけば、この乗換えということもマンション管理士の世界でも起きてくるでしょう。

ただし、マンション管理士のケースでは、社会保険労務士の顧問のように社長から嫌われたらすぐに解約になるというものではなく、管理組合の総会での議決を伴うことになりますので、単に理事長とトラブルがあったというだけでは、簡単に解約には至らないことになります。

逆に言えば、社会保険労務士のケースでは、社長に気に入っていただければすぐ契約に至りますが、マンション管理士のケースでは、理事長に気に入っていただいても、総会での議決が必要となるので、契約に至るまでに時間と労力がかかることになります。

私が思うには、マンション管理士としていったん管理組合と契約すれば、他の士業の顧問契約よりは契約の継続性は高いと確信します。

6　自分1人でもできて労基法は関係なし

マンション管理士は、人を雇用しなくても十分対応できる仕事であると思います。多くの顧問先を持てば難しいでしょうが、顧問先が15件くらいまでであれば十分1人で対応できると思います。もちろん、不動産業などと兼業するケースでは、人の雇用も必要でしょう。しかし、マンション管理士単独で独立開業するケースでは、人の雇用は必要ないと思います。ただし、配偶者の家族などに手伝ってもらうことはあり得るでしょうが、配偶者の家族は原則として労働基準法上の労働者に該当しません。

現在、日本は空前の人手不足の時代です。私の地元の金沢の駅周辺の飲食店は、平成27年に北陸新幹線が開通するまでは時給８００円前後でした。今は、時給1，０００円は当たり前の時代になってきました。

時給1，０００円といえば、1日8時間勤務で月22日勤務したら、月額17万6，０００円になります。これが現在の時給の相場です。もはやパートで採用するも、正社員として採用するも、月額賃金はあまり変わらない時代になってきました。

当事務所でも求人の募集をしていますが、応募そのものがかつてに比較すると減りました。10年ほど前は、求人を出すと応募者が多くて採用に迷ったものでした。今は全く様変わりです。

ところで、人を雇用することの意義を考えてみたいと思います。

労働基準法には、次のように定められています。

第9条　この法律で「労働者」とは、職業の種類を問わず、事業又は事務所（以下『事業』という）に使用される者で、賃金を支払われる者をいう。

これはどういうことかというと、これに該当する労働者ということになれば、労働基準法が適用されるということです。仕事で事故があれば労災適用になり、法人の会社組織になっていれば社会保険の加入の義務も発生してきます。

また、今は働き方改革がブームですが、1日8時間を超えて働かせれば、2割5分増しの時給の支払義務が発生してきます。

参考に、マンション管理士の事務所が仮に法人化したときの社会保険料との負担関係を図表21にまとめてみました。

いかがでしょうか。法人化するとこれだけの固定費が発生してきます。

このような費用負担を考えると、マンション管理士としての開業は、法人化しないであくまでも個人開業で進めていくのも選択肢の1つではないでしょうか。事業が地域1番になり、経営が安定してきたら法人化し、従業員も採用して、社会保険も加入するという計画でいいのではないかと思います。

また、配偶者と子供さんなどが手伝ってくれるときは、原則として労働基準法は適用除外なので、何時間働いてもらっても問題ありません。

【図表 21　法人創業における社会保険料】

40歳以上のとき	役員報酬	健康保険料	厚生年金保険料	合計（令和3年4月現在石川のケース）
個人創業（従業員5人未満のとき）	30万円	0円	0円	0円
法人で創業	30万円	17，865円	27，450円	**45，315円**
	本人負担分と同額の会社負担分があるので45,315円の2倍の**90，630円**　保険料が発生します。			

私の事務所では何人か雇用していますが、人を雇用するというのはストレスがたまるものです。前職の日本生命時代にも部下50数名の拠点を担当しましたが、彼らの様々な問題、あの人が嫌いだとか、誰々からセクハラを受けたなど、毎日が大変でした。大半の中小企業の社長は、業務の３割はこの労務管理で苦労されているのではないかと思います。

したがって、マンション管理士の場合、単独・１人で開業というのは、ある意味ストレスのないスタートしやすい開業ではないかと思います。

私も、45歳で社会保険労務士を開業した際、１人でしたので、今思えば自由で大変やりがいがあった気がします。

それまでのサラリーマン時代は、毎日、部下と上司の間の中で生きてきたので、誰からも指示されなくなるというのは、自由業の特権ではないかと思います。ただし、誰も自分の変わりを務めてくれる人や責任を取ってくれる人がいないのですごく孤独です。

とくに、自営業では、上司・部下・同僚がいないので、何事も自分で考え、決断しないといけません。収入も低収入が続いていく可能性があるわけです。その中で家族を抱えていれば、プレシャーは相当なものになってきます。

したがって、それなりの覚悟がなければ、独立はすべきではないと思います。それでも独立を考えるかどうかです。ただし、年金受給がある方は、最低収入があるのでその分余裕があるかもしれません。

こうした葛藤を経て、顧問先になっていただいたお客様というのは、本当に感動です。これはサラリーマン時代には感じたことのないものでした。

平成13年に開業して20年目になりますが、今思うことの1つは、「お客様のレベルは、自分が成長した分だけ自然とアップしてくる」という事実です。

読者の皆さんも、マンション管理士として独立して数年後、自分の顧問先の多い少ないは別として、お客様のレベルを分析してみてください。それがあなたのその時点でのマンション管理士としての実力なのです。

したがって、独立開業は、厳しい面も多々ありますが、大変やりがいがあります。持論ですが、中小企業の経営ほどやりがいのある面白いものはないのではないかと思っています。

第7章

マンション管理士が立ち上がれば日本のマンション価値は高まる

1　予想されるトラブル・課題に立ち上がれば大きく社会貢献できる

いよいよ最終章までやってきました。マンション管理士に対する見方が、従来から見ればいくらか進展があったでしょうか。進展があったと思っていただけたら、著者としてこの上ない喜びです。

マンション管理士の仕事の本は、私の知るかぎりでも数冊出版されており、どれも大変勉強になります。しかし、地方のマンション管理士の場合は、都会のようなビジネスになかなかつなげていけないのが実態かと思います。そんなとき、本書が、地方の方でも開業を考えるキッカケの1冊になれば幸いです。

今後想定されるマンションのトラブル

今後、マンションは、築年数が30年、40年と経ていけば、建替えという課題のほかにも、立ち向かわなければならない問題がどんどん増加していくと思われます。

図表22は、マンションについて今後想定されるトラブルを一覧にしたものです。

これらの課題・問題には、管理会社と委託契約していれば、当然アドバイスしてくれると思います。

しかし、仮に分譲マンションの売り主や管理会社が倒産したらどうなるでしょうか。

例えば、分譲マンションの売り主が倒産すれば、構造体力上主要な部分または雨水の侵入を防止

【図表 22　想定されるマンショントラブル】

その①　総会の運営 ・玄関のオートロック化。これは普通決議・特別決議。 ・役員のなり手がいない。 ・転売されてマンションに所有者がいない（外国人の所有者が多くなってくる）
その②　理事会の活動 ・役員が辞める。 ・役員の報酬が必要になってくる。 ・業者と癒着する。
その③　管理組合の運営 ・自治会とどのようにかかわればいいのか。 ・マイナンバーなどの個人情報をどのように取り扱うのか。 ・１人暮らしの高齢者の区分所有者対策はどのようにすればいいのか。 ・地震・台風などの防災対策はどのようにすればいいのか。
その④　駐車場の問題 ・駐車場使用者が減少。 ・機械式駐車場の費用どうすればいいのか。 ・迷惑駐車をどうすればいいのか。
その⑤　生活上の問題 ・隠れて犬を飼っている。

・野良猫への餌づけなどしないでほしい。

・ステレオやピアノがうるさい。

・事務所使用はできないのに勝手に事務所にしている。

・バルコニーに勝手に大きな物置を置いている。

・放置自転車をなんとかしてほしい。

・外人がゴミ捨て場所など規約を守らない。

その⑥　建物の管理・維持・その他

・長期修繕計画は問題ないか。

・勝手なリフォームをさせないでほしい。

・建替えはどのような流れで準備すべきか。

・管理費滞納者にどう対応するか。

・区分所有者が外人が多くコミュニケーションがとれない。

・民泊を届なしに勝手にやっている。

その⑦　管理会社に委託していない自主管理の組合

・マンション管理人の求人。

・マンション管理人の労務管理。

その⑧　超高層（タワー）マンション

・1000 戸を超えるマンションも多く、数千人の区分所有者がいるため話合いがなかなか難しい。

・区分所有者の購入マンションの高さの違いによる分譲価格が数千万円から数億のマンションと価格格差が大きく、改修や建替え時に合意形成の障害になってくる。

・容積率に余裕がないケースが多いので建替えが難しい。

する部分に隠れた瑕疵があったケースではどうなるのか不安です。

しかし、この問題については、平成20年４月に「特定住宅瑕疵担保責任の履行の確保等に関する法律」が施行され、新築住宅の売り主等は、瑕疵担保責任を履行するため、保証金の供託か保険の加入が義務づけられることになりました。したがって、売り主の悪意・重過失による瑕疵であっても保険金の対象になるようです。ただし、平成21年10月１日以降に引渡しを受けたマンションに限ります。ということは、それ以前のマンションは対象外ということになってきます。

また、管理会社であれば、分譲時のマンションの分譲会社の関連会社が業務を請け負っているケースもあります。もし、管理会社も連鎖倒産したらどうなるでしょうか。売り主の関連会社の管理会社であれば、最悪のときは修繕積立金が横領されている可能性もなきにしもあらずです。

管理組合としては、管理会社と契約しているから大丈夫だとの気持ちは十分わかりますが、管理会社は基本的には利益を目的としていますので、儲からなくなれば、管理組合の立場で本当に動いてくれるかどうか疑問です。

超高層（タワー）マンションについても、今後のトラブルの１つに掲載しましたが、仮に３０００人の区分所有者がいるタワーマンションは、マンション自体がすでに町まではいかないまでも、地方における小さな町村に匹敵するほどの人数です。したがって、これから大規模修繕を迎えるときは、これまでにどこのマンションも経験しなかった課題が生じてくるのではないかと思います。

また、今日の人手不足の日本では、益々外国人がマンションにも住むことが多くなってくるでしょう。ある分譲マンションにおいて、外国人が過半数の個人の区分所有者になったら、1年に1回の総会の開催・運営をはじめ、管理規約を順守して住んでもらおうと思っても、ベースであるコミケーションが難しいのでスムーズには運んでいかなくなるのではという懸念があります。

このようなとき、中立公平な立場で考えられるのは、国家資格者であるマンション管理士以外にいないのではないかと私は思います。

2　自主管理組合における管理人雇用の課題

前節で今後トラブルとして自主管理組合におけるマンション管理人の求人とか労務管理の課題を掲載しましたが、管理会社に委託していなければこれらの課題は管理組合が背負うことになってきます。

今日のような求人難の時代、マンション管理人の確保は簡単ではないと思います。また、折角雇用しても、退社してしまったらまた一苦労です。自主管理組合にマンション管理士が顧問役員としてタッチすることになれば、自主管理の組合であれば、この人の問題も大きなテーマとなってきます。

雇用となると、当然、労働基準法が適用になり、その法律の順守が必要になります。勤務時間に応じての雇用保険の加入や、法人であれば社会保険の加入といったことも考えなければいけないことは、これまで何度も繰返し述べたとおりです。

また、人を雇用すると、賃金台帳・出勤簿・労働者名簿といった法定３帳簿の整備も必要になってきます。

マンション管理人の就業規則などの整備

さらに、雇用契約書や、勤務時間や定年・懲戒などの働く事業所の勤務規程を定めた就業規則などの整備も必要かと思います。

就業規則の作成義務は、10人以上の事業所と定められており、マンション管理人の雇用であれば原則１人なので定めなくても特に問題はありません。しかしながら、マンション管理人が病気で勤務できなくなってやむなく退社してもらうときなど、就業規則に規定があれば退職で処理できますが、その定めがなければ解雇となり、あとで不当解雇ではないかと揉めることもあります。

それが、もし裁判などに発展すれば、解決金として月給の約５か月分とか弁護士費用約40万円とか、マンションの皆様の財産が費用として消えてしまうことも十分考えられます。

このようなリスクも考えるのであれば、マンション管理士として管理組合の役員になったのであれば、就業規則整備の提案も評価アップにつながるのではないかと思います。

私は、社会保険労務士なので、小規模企業の就業規則は数多く手掛けています。

そこで、マンション管理士として管理組合の役員になった場合、マンション管理人を雇用したときの就業規則のサンプルを簡単に提案できるように、シンプルなサンプルを紹介したいと思います。

なお、社会保険労務士法では、社会保険労務士でない者が労務管理の指導を報酬を得てしてはならないと定められております。しかし、管理組合の単なる顧問ではなく、役員・理事などの立場で就任するときは、自分たちの組合の就業規則を作成することになってきますので、その規定には抵触しません。

マンション管理組合就業規則のサンプル

マンション管理組合就業規則（モデル）

（この規則の目的とするところ）

第1条　この規則は、〇〇マンション管理組合（以下、「組合」という）の管理人の採用から退職までの労働条件、その他の就業に関する事項を定めたものである。なお、この規則は、組合の機密文書であるため、所定の場所から取り外したり、複写したり、外部の者に閲覧させたり、外部に持ち出してはならないものとする。

〇解説……この定めは、この就業規則が組合の機密文書であるとの宣言です。

（採用方針）

第2条　組合は、就業を希望する者の中から、組合の選考により決定し、必要な書類の提出のあった者を試用期間３か月を経過した後、当組合の運営方針に同意し、適格性に問題がなければ本採用とするものとする。この規則以外の労働条件を定めたときは、個別の雇用契約書の定めに従うものとする。

○解説……試用期間の定めは一般的に３か月が多いです。もっと試用期間を延長したいということであれば、６か月でもいいです。

（始業、終業の時刻および所定労働時間）

第３条　始業、終業の時刻および休憩の時刻は、次のとおりとする。

始業　午前８時30分

終業　午後５時30分

休憩　午後０時０分～午後１時０分

始業とは、業務を開始する時刻であり、終業とは業務の終了時刻である。

出社および退社の時刻ではないものとする。

１日の所定労働時間は、８時間０分とする。ただし、休憩時間、始業終業の時刻は業務の都合により変更することがある。また、所定労働時間を超えて、時間外労使協定の範囲内で労働を命じることがある。

○解説……始業・終業については、いろんな会社の求人情報を見てみると、管理人の労働時間ではこの記載の勤務時間が一番多いようです。したがって、仮に勤務形態が住込みの契約であっても、労働時間はこのように定められていますので、基本的には時間外に仕事の依頼は慎むべきです。仮にお願いするとすれば、時間外労働ということで時給単価の2割5分増しの賃金を支払わなければならないということをしっかり理解すべきです。

（休日および変形労働時間制）

第４条　休日は、次のとおりとする。

1　毎週土曜日・日曜日よび国民の祝祭日

2　夏季休暇　３日間

3　年末年始　５日間

4　その他組合が定める日

5　組合カレンダーがあるときはその定めによる。

6　業務の都合により休日を変更することがある。

7　１年単位または１か月単位の変形労働時間制を採用するときは休日はその協定によるものとする。

8　１週間に２日以上の休日があるときは、その中の１日を法定休日とする。

○解説……休日の取扱いについても、記載のような組合が一般的であると思います。原則、毎週1回以上の休日と1日8時間・週40時間の労働時間を超えないように、休日を組合の運営がしやすいように定めればいいと思います。この規則では、毎週土曜を休日にしていますが、組合の実態に応じて、1日の労働時間7時間、土曜半球・休日は土曜隔週など定めることができます。

（休日の振替）

第５条　業務の都合でやむを得ない場合は、前条の休日を２週間以内の他の日と振り替えることがある。

２　前項の場合、前日までに振替えによる休日を指定して管理人に通知する。

○解説……この制度は大変便利な制度で、管理人の休日に、組合の総会をすることになって、どうしても管理人に手伝って欲しいというようなとき、この休日の振替制度を活用することをおすすめします。

具体的には、管理人に日曜日出勤してもらう代わりに、次の週の水曜日に休んでもらうといったやり方をします。もし、仮に水曜日に休ませないで勤務させると、休日出勤ということで、労動基準法により、3割5分増しの時間外労働の賃金を支払わなければならなくなります。

（年次有給休暇制度）

第６条　管理人に対し、本人からの請求に基づき労働基準法に定める年次有給休暇を与える。ただし、多忙なときは時季を変更することがある。（また、取得日が５日に満たない場合は、組合は本人の意見を聴取して、時季を指定して年次有給休暇を与えるものとする）。

また、この請求は１週間前までに理事長に申し出るものとする。

○解説……年次有給休暇については、6か月以上勤務して8割以上出勤しておれば、10日間の年次有給休暇が付与されるというものです。これは、申請が前提ですので、管理人さんから請求がなければ、付与しなくても労動基準法違反にはなりません（（　）内は平成19年4月からの改正労基法に対応したもので、組合から5日の付与が義務化されました）。

ただし、管理人も年次有給休暇を取得するときは、マンションの管理がその日ストップすることにもなるわけですので、十分その辺のことも考慮して対応するべきでないかと思います。

（休職の制度）

第7条　管理人が次に該当するときは、休職とする。

1　業務外の傷病（傷病理由を問わず）により、欠勤が1か月以上にわたるとき、または業務外の傷病による欠勤が前3か月間で通算して30日目になったときには、2か月間の休職期間を与える。その間の賃金は支給しないものとする。ただし、健康保険に加入している者は、基準を満たせばその制度から所得補償を受けることができるものとする。

2　前項の他、特別の事情があって休職させることを必要と認めたときには、必要な範囲で組合が認める期間与えるものとする。

3　業務上の災害により、欠勤となるときは、労働基準法・労働者災害補償保険法の定めるところにより、必要な休業補償、療養補償を受けることができる。

○解説……休職の規定は大変重要です。病気等で休んでしまわれたとき、組合もいつまでも休まれたのでは、マンションの管理に重大な支障をきたします。そこで、2か月間の休養期間を定めて、それでも復帰できないときは退職していただくという制度です。このような制度がなければ、管理人も働いていて不安でしかたがないと思います。

（特別休暇制度）

第８条　管理人が、次の各号のいずれかに該当し、本人の請求があった場合に、当該事由の発生した日から起算して、それぞれの日数を限度として与える。

1　本人が結婚するとき　5日
2　子が結婚するとき　3日
3　実兄弟姉妹が結婚するとき　2日
4　実養父母、配偶者、子が死亡したとき　3日
5　配偶者の父母および兄弟姉妹が死亡したとき　2日
6　その他、組合が特に必要と認めたとき　組合が必要と認めた期間

特別休暇を受けようとする管理人は、事前または事後、速やかに届け出て、組合の承認を得なければならない。特別休暇の間、賃金は支給しないものとする。ただし、申出により年次有給休暇に振り替えることができる。

○解説……この特別休暇制度は、いわゆる慶弔見舞制度の一種です。労働基準法には定めがないので、どのような日数でも問題ありません。

この休暇については、中小企業では無給の事業所が多いようです。

（その他の休暇等）

第９条　管理人は、個別の法律の定めるところにより、産前・産後休暇、生理休業、育児時間、育

児休業・看護休暇、介護休暇、介護休業、公民権行使の時間を利用することができる。

2　本条の休暇等により休んだ期間については、原則として無給とする。

ただし、産前産後休暇・育児休業・介護休業のときは、健康保険・雇用保険に加入している者は、基準を満たしていれば、その制度から所得補償を受けることができるものとする。

○解説……この休暇等については、労働基準法等で定めがあり、請求があれば原則与えなければなりません。

ただし、女性保護の規定が多く、管理人の場合は、介護休業が関係してくるケースが多いのではないかと思います。育児とか介護のときは、雇用保険制度から、休業中無給のときは、申請者本人に所得補償の制度を受けられるケースがありますので、有効に活用したいものです。

（服務および業務マニュアル規定について）

第10条　管理人は、常に次の事項を守り、服務に精励しなければならない。この服務および業務マニュアル規定に違反するときは懲戒処分の対象となる。

1　業務上の指揮命令および指示・注意に従い、マンション内では、積極的に明るく挨拶をしていくこと

2　正当な理由なく遅刻、早退および欠勤等をしないこと

3　時間外の業務が必要なときは、理事長の許可を得てからすること、残業時にはダラダラ残業はしないこと

４　組合の名誉を害し信用を傷つけるようなことをしないこと
５　組合の個人情報（以下「組合情報」という）を本来の目的以外に利用、漏洩（毀損、複写等を含む）し、または組合情報や組合の不利益となるような事項を他に漏らし、または私的に利用しないこと（退職後においても同様である）
６　組合の管理するマンションの専有部分・共有部分を大切に管理し、無駄な電気代、燃料、その他の消耗品の節約に努め、モップ等の備品は大事に使うこと
７　組合の情報・資料等を傷つけたり紛失・消去等しないこと
８　業務上の都合により配置転換・転勤を命ぜられたときは、従わなければならない
９　酒気をおびて通勤し、または勤務しないこと
10　担当マンションの整理・整頓・清潔（３Ｓ）に努め、常に清潔に保つようにすること
11　自らの安全と健康に留意し、安全衛生に関する組合の指示命令に従い、災害防止に努めること
12　作業を妨害し、または性的言動により就業環境を悪化させるセクシャルハラスメント等の行為、その他職場の風紀秩序を乱すような行為をしないこと
13　組合の定める業務マニュアル規定に従って仕事をしなければならない
14　前各号の他、これに準ずる管理人としてふさわしくない行為をしないこと

○解説……この服務規律規程は大変重要です。管理人の評価のポイントとなるところであり、この規定違反は懲戒処分にも該当してきます。ですから、世間では当たり前のことを記載しています

が、マンションの管理およびマンションの資産価値をどのような方向にもっていくかという理念を具象化すべきです。

（懲戒の種類、程度）

第11条　懲戒は、その情状により次の区分により行う。

1　けん責　始末書を取り、将来を戒める。

2　減給　1回の事案に対する額が平均賃金の1日分の半額、総額が1か月の賃金総額の10分の1の範囲で行う。始末書を取り、けん責に止めることもある。

3　出勤停止　7日以内で出勤を停止し、その期間中の賃金は支払わない

4　懲戒解雇　予告期間を設けることなく即時解雇する。この場合において所轄労働基準監督署長の認定を受けた場合は、予告手当（平均賃金の30日分）を支給しない。場合によっては、退職願の提出を勧告し諭旨退職とすることもある。

○解説……懲戒の種類の定めです。このような定めが就業規則等に明示されていないと、訴訟等になったときは、組合側が不利になります。日本の労働基準法は、労働者を守るという視点の法律になっていますので、理事長が、仮に組合としてマンションの管理人に処分とか解雇といったことをする場合は、十分な配慮が必要です。

（懲戒）

第12条　服務規律違反および次の各号のいずれかに該当する場合は、その程度に応じて前条のいず

れかの懲戒に処する。特に組合に損害を与えるような場合は、懲戒解雇の処分をすることがある。
1　無届欠勤３日以上に及んだ場合
2　出勤常ならず改善の見込みのない場合
3　組合の名誉、信用を損ねた場合
4　故意または過失により災害または営業上の事故を発生させ、組合に損害を与えた場合
5　懲戒処分を再三にわたって受け、なお改善の見込みがない場合
6　服務規律・業務マニュアル規定または業務上の指示命令に違反した場合
7　重要な経歴を偽り採用された場合
8　刑事事件に関与した場合
9　酒気帯び、飲酒等の道路交通法に違反する運転を行ったことが発覚した場合
10　前各号の他、これに準ずる程度の不都合な行為を行った場合
○解説……具体的な懲戒の種類です。もっと記載内容を多くしたいということであれば、条文を増やせばいいでしょう。

（解雇）
第13条　組合は、次の各号に掲げる場合に管理人を解雇することがある。試用期間の期間も含まれる。
1　管理人が身体または精神の障害により、業務に耐えられないと認められる場合

2　管理人の就業状況または職務能力が不良で、就業に適さないと認められる場合
3　組合業務の縮小その他やむを得ない業務の都合による場合
4　熟練者という条件で採用されたにもかかわらず、期待された職務能力が発揮されなかった場合
5　組合の管理人として適格性がないと認められる場合
6　天災事変その他やむを得ない事由のため事業の継続ができなくなった場合
7　前各号の他、やむを得ない事由がある場合

○解説……解雇は、不当解雇とかでよくもめるケースです。どのようなとき解雇になるかを明確にしておくことは、組合および管理人の間で、トラブルに発展していくことを極力防止につながります。

（定年制度等）

第14条　管理人の定年は満60歳とし、定年に達した日の翌日をもって自然退職とする。再雇用に関しては、本人が希望したときは定年に達した翌日から、満65歳の年齢になるまで1年または6か月ごとの更新により再雇用するものとする。再雇用の労働条件については個別に定めるものとする。

定年の年齢を超えて雇用されたものは、個別の雇用契約書によるものとする。

○解説……おそらくどこかの会社で定年後再就職ということで、管理人になられるケースが多いと思われます。したがって、一般的なこの規則のような定年60歳というのは、実務上そぐわない方が多いのではないかと予想されます。ですから、管理組合の考え方にもよりますが、管理人募集

においては定年65歳・70歳・75歳といった規定の仕方も十分検討してもよいと考えます。

（退職）

第15条　管理人が次の各号のいずれかに該当するに至った場合は、その日を退職の日とし、管理人としての地位を失う。

1　死亡した場合

2　期間を定めて雇用した者の雇用期間が満了した場合または定年に達した日の翌日（再雇用された者を除く）

3　休職期間が満了したにもかかわらず、復職できない場合

4　行方不明となり１週間が経過した場合

5　本人の都合により退職をするときは、少なくても14日前までに退職届を提出し、組合の承認があった場合または退職届提出後14日を経過した場合

○解説……前章で、定年の定めのお話をしましたが、例えば1年間の雇用契約を結び、期間が満了したら2項の規定のように退職してもらうという契約内容で、管理人と雇用契約するのも選択の1つではないかと思います。

組合として長期雇用ができるかわからないとか、管理人の仕事ぶりを3か月間の試用期間では判断できないので、1年契約にするといったことも十分検討できます。

（賃金締切日および支払日）

第16条　賃金は、当月1日から起算し、当月末日に締切って計算し翌月10日（支払日が休日の場合はその前日）に支払う。欠勤・遅刻・早退があるときは、その時間分の賃金を控除して支給することがある。

○解説……賃金の締切りと支払いに関しては、原則1人の計算になるので、賃金計算は負担にならないと思いますが、仕事が多忙なときに重ならない時期にすべきです。

（賃金の構成）

第17条　賃金の構成は、次のとおりとする。

1　基本給　（日給月給制又は時給制）
2　家族手当
3　皆勤手当
4　通勤手当
5　役職手当（役職手当は残業代を含んだものとする）
6　住宅手当
7　残業手当（労働基準法に基づき計算する）

残業単価の計算は、家族手当・通勤手当・役職手当（残業代を含むと規定したとき）・住宅手当を除いた賃金を1か月の平均所定労働時間で割って計算するものとする。

法定労働時間を超えたとき、労働基準法に定める割増賃金を計算するものとする。手当は、支給条件が満たされなくなれば、その月から支給されなくなるものとする。

○解説……この規定の中に、役職手当・住宅手当があります。管理人の賃金では支給しないケースが多いと思いますが、参考のため掲載しています。

（基本給の考え方）

第18条　基本給は日給月給または時給制とする。基本給は、本人の、勤務態度、経験、技能および作業内容などを勘案して各人ごとに決定する。また、組合の状況または本人の職務内容により、毎年一定の期日に増減することがある。

○解説……基本給は、月給か・時給かのどちらかの選択になります。管理人の勤務実態により、増減すると定めておくことが、今後のトラブル防止につながります。また、頑張ったら昇給するということで、管理人のモチベーションアップにも活用できる規定となります。

（賞与の支払方針）

第19条　賞与は、組合の状況により個人ごとの能力に鑑みて支払う。職務内容によっては支払わないこともあるものとする。ただし、支給日に在籍しない管理人には支給しないものとする。

○解説……賞与については、管理組合では支払わないケースも多いと思われますが、勤務成績に応じていくらか支払うという考えも検討の余地があります。

（退職金制度）

第20条　退職金については、組合が退職金制度を導入したときはその制度に基づいて支払うが、制

度を導入していない間はないものする。

○解説……退職金制度は、なければなしでも問題ありません。しかし、いくらか支給すると規定に定めれば、支払わなくてはならなくなってきます。私はいくらかでも支給されるほうが、管理人のモチベーションアップのためにもいいのではないかと思います。

（損害賠償事由）

第21条　管理人が故意または過失により組合に損害をかけた場合は、損害の一部または全部を賠償させることがある。ただし、これによって懲戒を免れるものではない。

○解説……これによって必ず損害賠償できるとは言えませんが、このように定めておくことは、トラブル防止の面からみても重要だと思います。

（疑義および解決）

第22条　特別の事情のためにこの規程によりがたい場合および適用上の疑義および解決が必要なときは原則として理事長が行う。

○解説……この就業規則の解釈に疑義が生じたときは、最終判断を理事長に委ねるということです。

本規則は令和　　年　　月　　日より実施する。

以上22条の条文にまとめてみました。

今まで、就業規則をじっくり読まれた経験のある方であれば、22条は少ないのでビックリされたものと思います。

一般的に、われわれが委託を請けて就業規則を作成する場合、全体で約１００条近い条文になってくるケースが多いです。しかし、管理組合の場合は、原則１人の管理人が対象になるので、今回のサンプルの内容で十分かと思います。

本書は、就業規則のノウハウ本ではありませんので、詳しい解説は省略しますが、読んでいただければ、イメージは十分つかめるはずです。

重要なポイントは、あとでトラブルになりがちな解雇・退職関係と労働時間の関係条文です。きちんと定めておくことで、労務トラブルの予防対策の１つとなります。

3　石田梅岩の商人道―仕事は「倹約・正直・勤勉」を基本に

数年前、アマゾンのＣＥＯであるジェフ・ペソス氏は、世界で一番の裕福な人物であると新聞報道されていました。その記事で私が驚いたのは、乗っている車はホンダのアコードで、倹約はアマゾンのリーダーシップの不可欠な要素の１つになっており、その結果、顧客の求めているものを届けるという同社の成功に繋がっているのではないかとの指摘でした。

アメリカ人が倹約という経営方針を全面に押し出しているのは大変な驚きでしたが、日本には既に約３００年前に倹約の商人道を説いた人がいました。それは、石門心学の祖と言われる石田梅岩です。

日本では、アメリカの経営思想が今日もてはやされていますが、日本にもこんな素晴らしい商人の道である経営者のあり方を説いていた方がいたのです。アマゾンのCEOのベゾス氏の倹約話を聞いて、改めて日本の商人道の素晴しさを感じた次第です。

「都鄙問答」の考え方

梅岩の主著とされる『都鄙問答』の代表的な考え方を紹介すると次のようになります。

○人の道というものは1つである。もちろん、士農工商それぞれの道があるが、それは尊卑ではなく、職分の違いである。

○商売の始まりとは、余りある品と不足する品を交換し、互いに融通するものである。

○(したがって)商人の得る利益とは、武士の俸禄と同じで、正当な利益である。だからこそ商人は、正直であることが大切になる。水に落ちた1滴の油のように、些細なごまかしがすべてを駄目にする。

○商人に俸禄をくださるのはお客様なのだから、商人はお客様に真実を尽くさねばならない。

○真実を尽くすには、倹約をしなくてはならない。倹約とはけちけちすることではなく、例えばこれまで3つ要していたものを、2つで済むように工夫し、努めることである。無駄な贅沢をやめれば、それでも家は成り立っていくものである。

○商人の蓄える利益とは、その者だけのものではない。天下の宝であることをわきまえなくてはならない。

○まことの商人は、先も立ち、われも立つことを思ふなり(正しい商人とは、相手のためになって喜ばせ、自分も正当な利益を得る者をいう)。

いかがでしょうか。現在の日本の経営者にも十分通用する考え方であるどころか、事業を始める方はこの考え方を持つべきでしょう。

この考え方は、端的には「倹約・正直・勤勉」と言われています。

江戸時代に日本でこのような心門心学が商人の間で浸透していったのです。日本人は世界でも例を見ない勤勉な国民であると言われてきた原因の1つではないかと思います。

私は、マンション管理士もこのような視点を持って開業していかなければ、真に国民に支持される資格者にはなり得ないと思います。

ランチェスターの経営戦略を応用した開業の戦略を前章で解説しましたが、このような戦略を実行に移す場合でも、経営者のマインドがしっかりできていないとうまくいかないものです。

例えば、私の社会保険労務士の業務の中でも、都合の悪いことはゴマカセば済むことであっても、それはだめで、正直に話すことが大切です。

私は、以前、顧問先より助成金の申請を頼まれたのですが、私のミスにより申請が遅れてしまったため、50万円の助成金が受けられないことがありました。「条件が整っていなかったので受けられませんでした」と言えば、それで終了した話でしたが、正直に弁償するつもりでお話しました。

その結果は、「あなたみたいな正直な方はいない」ということで、信用が倍増しました。しかも、弁償はしていただかなくていいということになりました。立腹されるかと思いましたが、全く逆の結果となりました。

この例のように、マンション管理士の業務の遂行においても、正直は大変重要なキーワードではないかと思います。このような考え方が、公平中立なマンション管理士になっていく条件の1つと言えるでしょう。

4　年金をベースに生涯現役で臨む

ここでは生涯現役で働くことが最高の年金であるということについて考えてみたいと思います。前掲の図表10では、年金の支給開始年齢を見てきましたが、男性であれば昭和36年4月2日以後生まれの方（女性は5年遅れ）は65歳からの支給です。

大企業や役所に長く勤務していた方の中には月額20万円以上の受給者もいますが、大半の中小零細企業のサラリーマンは月額15万円前後がほとんどのようです。それに奥様の年金6万円前後が加われば、ご夫婦で合計20万円前後ということになります。

これを見ても、大半のサラリーマンは、年金だけで食べていくのは大変厳しい時代になってきたと思います。もちろん、子供さんとの同居や老人ホームなど、様々な選択肢があります。

もっとも、現在の日本は、空前の人手不足の時代です。すでに65歳までは、本人が希望すれば会社は雇用しなければならない社会になってきました。以前は60歳定年で再雇用を希望しないケースが多かったのですが、現在は約9割が65歳までの再雇用を希望しているようです。したがって、今後は、70歳、75歳まで現役ということも十分考えられます。

このような選択肢がいくつか考えられる中で、本書のテーマであるマンション管理士というのは、何度も繰り返しますが、高齢者が十分活躍できる国家資格です。年金というベースがあり、人生経験が豊富な方にとって、ある意味適している職業でもあると思います。

したがって、今後は、開業して得られた報酬を年金の一部分としてとらえ、月額20万円の報酬であれば、それを年金だと思って働けば、年金額が少ないとかどうのこうのという問題意識はなくなってきて、今後はいかに年金額を20万円、30万円にアップしていくかというプラス発想の考え方になり、しかもそのことが実際にできる社会になってきたと思います。

5　マンション管理士にも悲願の独占業務が与えられるかも

繰り返しますが、マンション管理士という資格は、税理士とか弁護士や社会保険労務士のような独占業務が与えられていない資格です。そのため、この資格を保有している人誰もが望んでいるのが、独占業務の付与です。

しかし、行政の動向を見ていると、それは大変厳しいと思われます。例えば、「区分所有者100名以上のマンションは、マンション管理士を専任でなくても1人以上役員として任命する」

といった案ですが、現段階では難しいようです。

したがって、マンション管理士としての独立は、中小企業診断士のように実力をつけ、マンション管理組合から委託業務を請け負うしかないのです。

しかしながら、この資格は先駆者がほとんどいないので、地域・町で一番に開業したほうが、一番の成功につながっていくと思います。そして、全国でマンション管理士の実績が認められれば、独占業務の付与もあり得るでしょう。

なお、東京の豊島区の行政の動きとして、2013年に制定した「豊島区マンション管理推進条例」は、マンション管理組合の実効性を確保するために、管理組合理事長などの代表者がマンションの現状を届け出る制度を義務化（努力義務も含む）し、実施しないマンション名を公表する罰則も規定しています。

その主要な内容は、次のとおりです。

○義務の内容（主な内容）

・管理規約などの作成および保管・閲覧
・総会および理事会議事録の作成および保管・閲覧
・設計図書、修繕履歴などの管理に関する図書の適正保管
・長期修繕計画の作成
・法定点検および設備点検・清掃の適切な実施

○努力義務の内容（主な内容）
・管理用の施設や設備および管理員などの管理体制の維持
・適時適切な修繕の実施
・旧耐震基準のマンションの耐震化
・防災への対応
・地域とのコミニティー生成

これらは、その他の地域でも実施されていくことでしょう。このような流れがどんどん進展していけば、マンション管理士の独占業務がどのような形で付与されるかわかりませんが、可能性は将来出てくるのではないかと思います。

このような流れが今回のマンション管理適正化法の改正におけるマンションの管理計画認定制度の制度化につながっていったのではないでしょうか。

6　住みよいマンションライフのアドバイスはマンション管理士以外ない

日本に初めての分譲マンションは、１９５３年に竣工した東京渋谷駅近くにある「宮益坂アパート」と言われていますが、できてから約68年が経ちました。意外かもしれませんが、まだ68年なのです。日本古来からの木造住宅の歴史から見れば、まだ新しい住まいなのです。したがって、歴史がないだけ、いろいろな課題も発生してきます。

また、日本の総人口は減少しており、国立社会保障・人口問題研究所の推計によれば、２０１５年の1億２７０９万人が50年後の２０６５年には８８０８万人になるようです。約3分の１の人口がいなくなってしまうのです。そうなるとマンションはどうなるでしょうか。区分所有者の高齢化、マンションそのものの老朽化という大きな2つの課題と同時に、多くのマンションで空き家発生という新たな問題も今後は発生してくることになります。

マンション管理士をこれから目指す人、現在マンション管理士の人、これから開業と考えている人と様々な方がいると思いますが、マンション管理士がこれからの社会の中でいかに社会的に重要な業務を担っていく資格者であるかということがご理解いただけたのではないかと思います。

いかがでしょうか。マンション管理士で独立したいと思われたでしょうか。1人でも前向きに考えられて、1歩前進するキッカケの1つになれば著者としてこのうえない喜びです。

本書の付録として、マンション管理士の業務の基本となる「建物区分所有法」と「マンション管理適正化法」の主な内容を抜粋して掲載しました。私なりに解説も記載しておきました。業務の基本となる法律ですので、今1度ご参考にしていただけたら幸いです。

おわりに

マンション管理士の仕事と開業について、いくらかでもイメージを持っていただけましたか。

実は、執筆は、本書で22冊目になります。9年前、「マンション管理人の仕事とルールがよくわかる本」（セルバ出版刊）を出版しました。

今回は、石川県マンション管理士会の会長をやらさせていただき、平成29年の日本マンション管理士会連合会の合同研修会が金沢であったことをキッカケに、「われわれのような地方のマンション管理士はどうしたらビジネスができるようになるのか」を真剣に考えた結果、出版の運びとなりました。また、今回の2回目の改訂新版となりました。

繰返しになりますが、マンション管理士の開業本は数冊しかなく、仕事の内容がよくわかるいい本ですが、どれも都会向けの本で、地方ではややハードルが高いと感じました。

そこで、本書は、その辺を多少意識して、執筆しました。これからマンション管理士を目指そうと思う人、現在マンション管理士の登録だけはしている人など様々な方がおられると思いますが、少しでもマンション管理士の魅力や、1歩進んで独立開業などの気持ちになっていただければ著者としてこの上ない喜びです。

本書の記載中、解釈が法令等と相違していると思われる箇所があるかもしれませんが、ご理解のほどお願い申し上げます。

私が執筆する決心をしたのは、10年前の開業10年目で、何か自分に区切りをつけなければならないと考えたのがキッカケでした。

また、私が入塾している名古屋の北見塾の北見昌朗先生やその他多くの塾生の方が、本を出版されていることに刺激を受けたのもあります。

さらに、開業時から尊敬しているランチェスター経営で有名な竹田陽一先生から、「自分は大変字が下手くそで、文章など一番苦手であったが、人の3倍かけて書いた。そして、今ではベストセラーの本も出ている。仮に文章が苦手な方は、人の3倍かけて書けばいいと」とのお話をお聞きし、感動したこともベースにあります。

今回の出版には、これら多くの先生方のご支援があったからこそだと深く感謝申し上げます。

出版に関しましては、インプループの小山社長には、大変お世話になりありがとうございました。

今回のテーマであるマンション管理士は、これからの人手不足の高齢化社会の中で、今後益々脚光を浴びてくる資格であると確信しています。

また、マンション管理士が活躍することにより、日本のマンションの活性化が進展していくことを心より祈念いたします。

本当に最後までお読みいただき大変ありがとうございました。

参考文献

・新版「小さな会社　儲けのルール─ランチェスター経営7つの成功戦略」竹田陽一、栢野克己著（フォレスト出版刊）　２０１６年
・「依頼が殺到するマンション管理士の仕事術」瀬下義浩著（住宅新報社刊）　２００９年
・「マンショントラブル解決への道」首都圏マンション管理士会編著（日本法令刊）　２０１２年
・「サッと作れる小規模企業の高齢再雇用者賃金・第二退職金」三村正夫著（経営書院刊）　２０１６年
・「マンション管理人の仕事とルールがよくわかる本」三村正夫著（セルバ出版刊）　２０１２年
・「商人道に学ぶ時代がやってきた　日本の商人道の源流　石田梅岩に学ぶ」田中真澄著（ぱるす出版刊）　２０１７年
・「人口減少時代のマンションと生きる」飯田太郎・保坂義仁・大沼健太郎著（鹿島出版会刊）　２０１５年

付録1　建物の区分所有等に関する法律

第1章　建物の区分所有

第1節　総　則

（建物の区分所有）

第1条　1棟の建物に構造上区分された数個の部分で独立して住居、店舗、事務所又は倉庫その他建物としての用途に供することができるものがあるときは、その各部分は、この法律の定めるところにより、それぞれ所有権の目的とすることができる。

○解説　マンション独自の所有権の考え方、つまり民法の一物一権の考え方の例外で部分所有ができると定めています。

（定義）

第2条　この法律において「区分所有権」とは、前条に規定する建物の部分（第4条第2項の規定により共用部分とされたものを除く。）を目的とする所有権をいう。

2　この法律において「区分所有者」とは、区分所有権を有する者をいう。

3　この法律において「専有部分」とは、区分所有権の目的たる建物の部分をいう。

4　この法律において「共用部分」とは、専有部分以外の建物の部分、専有部分に属しない建物の附属物及び第4条第2項の規定により共用部分とされた附属の建物をいう。

5　この法律において「建物の敷地」とは、建物が所在する土地および第5条第1項の規定により建物の敷地とされた土地をいう。

6　この法律において「敷地利用権」とは、専有部分を所有するための建物の敷地に関する権利を言う。

○解説　マンションの基本用語である区分所有権は、部分所有する権利であり、専有部分とはその区分所有権の目的となっている場所をさしています。共用部分とは、それ以外の場所をさしていると考えればいいと思います。そして、敷地利用権とは、そのマンションの土地、敷地の利用する権利であると考えればわかりやすいと思います。

（区分所有者の団体）

第3条　区分所有者は、全員で、建物並びにその敷地及び附属施設の管理を行うための団体を構成し、この法律の定めるところにより、集会を開き規約を定め、及び管理者を置くことができる。一部の区分所有者のみの共用に供されるべきことが明らかな共用部分（以下「一部共用部分」という。）をそれらの区分所有者が管理するときも、同様とする。

○解説　管理組合がなぜ成立するかの基本条文です。この条文のように、区分所有者いわゆるオーナーになれば、必然的にマンションの管理組合の組合員になることが定められています。

（共用部分）

第4条　数個の専有部分に通ずる廊下又は階段室その他構造上区分所有者の全員又はその一部の共用に供されるべき建物の部分は、区分所有権の目的とならないものとする。

2　第1条に規定する建物の部分及び附属の建物は、規約により共用部分とすることができる。この場合には、その旨の登記をしなければ、これをもって第三者に対抗することができない。

○解説　共有部分は、登記しなければ取引の当事者以外の第三者に対抗できないということです。したがって、登記していなければ、第三者の方にこの部分は規約共用部分だから、専有部分でないですということを対抗できないということです。

（規約による建物の敷地）

第5条　区分所有者が建物及び建物が所在する土地と一体として管理又は使用する庭、通路その他の土地は、規約により建物の敷地とすることができる。

2　建物が所在する土地が建物の一部の滅失により建物が所在する土地以外の土地となったときは、その土地は、前項の規定により規約で建物の敷地と定められたものとみなす。建物が所在する土地の一部が分割により建物が所在する土地以外の土地となったときも、同様とする。

○解説　規約を定めることで、マンションから道路を挟んだ土地であっても、マンションの規約で敷地にすることができるという定めです。

（区分所有者の権利義務等）

第6条　区分所有者は、建物の保存に有害な行為その他建物の管理又は使用に関し区分所有者の共同の利益に反する行為をしてはならない。

2　区分所有者は、その専有部分又は共用部分を保存し、又は改良するため必要な範囲内において、他の区分所有者の専有部分又は自己の所有に属しない共用部分の使用を請求することができる。この場合において、他の区分所有者が損害を受けたときは、その償金を支払わなければならない。

3　第1項の規定は、区分所有者以外の専有部分の占有者（以下「占有者」という。）に準用する。

○解説　この条文は、非常に重要な箇所です。区分所有者の建物についての保存・管理・使用に関して、当たり前のことかもしれませんが、その他の区分所有者に対して害を与えるような行為をしてはならないと定めた条文です。この条文により、マンションの区分所有者の勝手な行動が制限されることになります。もし、行動するときは、マンションの組合の議決が必要になります。一戸建ての家のようにはいかないわけです。もちろん、区分所有者から賃貸で借りている占有者も、この義務に従う必要があります。

（先取特権）

第7条　区分所有者は、共用部分、建物の敷地若しくは共用部分以外の建物の附属施設につき他の区分所有者に対して有する債権又は規約若しくは集会の決議に基づき他の区分所有者に対して有する債権について、債務者の区分所有権（共用部分に

関する権利及び敷地利用権を含む。）及び建物に備え付けた動産の上に先取特権を有する。管理者又は管理組合法人がその職務又は業務を行うにつき区分所有者に対して有する債権についても同様とする。

2　前項の先取特権は、優先権の順位及び効力については、共益費用の先取特権とみなす。

○解説　この条文はわかりにくいですが、基本的にはマンションの管理費等が支払えないときは、払えない人に対して、強制的に支払いを求めることができる権利だということを定めています。

（特定承継人の責任）

第８条　前条第１項に規定する債権は、債権者たる区分所有者の特定承継人に対しても行うことができる。

○解説　前掲の先取特権は、簡単にいえば、マンションの購入者に対しても主張できる権利であるということです。したがって、中古マンションを購入したとき、前の所有者が管理費を50万円滞納しているので支払ってくれと言われれば、支払わなくてはいけないということです。ですから、中古マンションを購入するときはこの部分のチェックも必要かと思います。

（建物の設置又は保存の瑕疵に関する推定）

第９条　建物の設置又は保存に瑕疵があることにより他人に損害を生じたときは、その瑕疵は、共用部分の設置又は保存にあるものと推定する。

○解説　仮にマンションの壁のタイルの落下により通行人にケガなどを負わせたときは、明らかにその原因の所在が明確にならなければ、区分所有者全員の責任になってくるとの条文です。このようなリスクを回避するため、マンションの保険に加入しておく必要があります。

第２節　共用部分等

（共用部分の共有関係）

第11条　共用部分は、区分所有者全員の共有に属する。ただし、一部共用部分は、これを共用すべき区分所有者の共有に属する。

○解説　簡単にいえば、共有部分は区分所有者全員が連帯責任を負うということです。

（共用部分の使用）

第13条　各共有者は、共用部分をその用法に従って使用することができる。

○解説　共用部分は規約等に定められた、使用の仕方をしなさいということです。

（共用部分の持分の割合）

第14条　各共有者の持分は、その有する専有部分の床面積の割合による。

○解説　共用部分の権利の割合について定めた内容で、そのマンションの所有する専有部分の持ち分割合で決まると定めた箇所です。したがって、マンション全体で、１０００の専有部分があり、そのうち１００所有していれば、持ち分割合は10％ということになります。

（共用部分の持分の処分）

第15条　共有者の持分は、その有する専有部分の処分に従う。

２　共有者は、この法律に別段の定めがある場合を除いて、その有する専有部分と分離して持分を処分することができない。

○解説　共有部分は、専有部分の処分に連動するということです。簡単に言えば、マンションを売れば、共有部分もそれに従って売られていくということです。

（共用部分の変更）

第17条　共用部分の変更（その形状又は効用の著しい変更を伴わないものを除く。）は、区分所有者及び議決権の各４分の３以上の多数による集会の決議で決する。ただし、この区分所有者の定数は、規約でその過半数まで減ずることができる。

２　前項の場合において、共用部分の変更が専有部分の使用に特別の影響を及ぼすべきときは、その専有部分の所有者の承諾を得なければならない。

○解説　共用部分の変更とは、簡単に言えば、マンションのリホームのことです。これをするには、集会の決議がないとできないと定めた条文です。基本的には、4分の3以上の賛成が必要になります。さらに、法定の議決が得られても、それによりその区分所有者に大変な影響を与えるようなことを決議するときは、その方の承諾がないとできないとなっています。マンションの管理で大変重要な条文です。

（共用部分の管理）

第18条　共用部分の管理に関する事項は、前条の場合を除いて、集会の決議で決する。ただし、保存行為は、各共有者がすることができる。

○解説　共用部分の修繕等は集会の決議がないとできないということです。

（共用部分の負担及び利益収取）

第19条　各共有者は、規約に別段の定めがない限りその持分に応じて共用部分の負担に任じ、共用部分から生ずる利益を収取する。

○解説　共用部分たとえば駐車場を区分所有者以外の方に貸して収益があるときは、その収益はさきほど持分割合に応じて取得するということです。

第3節　敷地利用権

（分離処分の禁止）

第22条　敷地利用権が数人で有する所有権その他の権利である場合には、区分所有者は、その有する専有部分とその専有部分に係る敷地利用権とを分離して処分することができない。ただし、規約に別段の定めがあるときは、この限りでない。

○解説　これもマンション特有の法律です。要するに、マンションを売買したときは、敷地利用権も同時に移転し、マンションの敷地利用権だけを分離して売買できないということです。

第４節　管理者

（選任及び解任）

第25条　区分所有者は、規約に別段の定めがない限り集会の決議によって、管理者を選任し、又は解任することができる。

２　管理者に不正な行為のその他その職務を行うに適しない事情があるときは、各区分所有者は、その解任を裁判所に請求することができる。

○解説　マンションの理事長は、区分所有者が選任して、解任することもできるという定めです。

（委任の規定の準用）

第28条　この法律及び規約に定めるもののほか、管理者の権利義務は、委任に関する規定に従う。

○解説　管理者いわゆる理事長は、民法でいうところの委任契約の関係になるということです。

第５節　規約及び集会

（規約事項）

第30条　建物又はその敷地若しくは附属施設の管理又は使用に関する区分所有者相互間の事項は、この法律に定めるもののほか、規約で定めることができる。

○解説　どこのマンションでもある規約とは、この区分所有法などに定めた事項以外のことについてはマンション独自のこととして規約で定めなさいということです。

（規約の設定、変更及び廃止）

第31条　規約の設定、変更又は廃止は、区分所有者及び議決権の各４分の３以上の多数による集会の決議によってする。この場合において、規約の設定、変更又は廃止が一部の区分所有者の権利に特別の影響を及ぼすべきときは、その承諾を得なければならない。

○解説　規約の設定、変更、廃止は、集会の議決で区分所有者および議決権の各4分の3以上の決議がなければできないとの定めです。

（規約の保管及び閲覧）

第33条　規約は、管理者が保管しなければならない。ただし、管理者がないときは、建物を使用している区分所有者又はその代理人で規約又は集会の決議で定めるものが保管しなければならない。

○解説　規約は、理事長が保管するということです。

（集会の招集）

第34条　集会は、管理者が招集する。

2　管理者は、少なくとも毎年1回集会を招集しなければならない。

3　区分所有者の5分の1以上で議決権の5分の1以上を有するものは、管理者に対し、会議の目的たる事項を示して、集会の招集を請求することができる。ただし、この定数は、規約で減ずることができる。

4　前項の規定による請求がされた場合において、2週間以内にその請求の日から4週間以内の日を会日とする集会の招集の通知が発せられなかったときは、その請求をした区分所有者は、集会を招集することができる。

5　管理者がないときは、区分所有者の5分の1以上で議決権の5分の1以上を有するものは、集会を招集することができる。ただし、この定数は、規約で減ずることができる。

○解説　マンションの集会は、毎年1回以上は開催しなければならないと定められています。

（招集の通知）

第35条　集会の招集の通知は、会日より少なくとも1週間前に、会議の目的たる事項を示して、各区分所有者に発しなければならない。ただし、この期間は、規約で伸縮することができる。

○解説　集会は、開催日の少なくても1週間前に案内をしなければならないということです。

（招集手続きの省略）

第36条　集会は、区分所有者全員の同意があるときは、招集の手続きを経ないで開くことができる。

○解説　小さなマンションなどでは、区分所有者も少ないので、全員の同意があれば集会を手続なして開催できるという定めです。

（議事）

第39条　集会の議事は、この法律又は規約に別段の定めがない限り、区分所有者及び議決権の各過半数で決する。

○解説　集会の決議がマンションの重要事項でなければ、原則、過半数で決議できるとの定めです。

（議決権行使者の指定）

第40条　専有部分が数人の共有に属するときは、共有者は、議決権を行使すべき者1人を定めなければならない。

○解説　マンションを奥様と共有で所有している場合、集会の決議をするケースでは、どちらか1人がその権利を行使するということです。

（議長）

第41条　集会においては、規約に別段の定めがある場合及び別段の決議をした場合を除いて、管理者又は集会を招集した区分所有者の1人が議長となる。

○解説　集会の開催においては、議長の任命が必要となります。

（議事録）

第42条　集会の議事については、議長は、書面又は電磁的記録により、議事録を作成しなければならない。

○解説　集会時には必ず議事録が必要になります。

（事務の報告）
第43条　管理者は、集会において、毎年１回一定の時期に、その事務に関する報告をしなければならない。
○解説　理事長は、集会で毎年1回は事務の報告をしなければならないと定められています。
（占有者の意見陳述権）
第44条　区分所有者の承諾を得て専有部分を占有する者は、会議の目的たる事項につき利害関係を有する場合には、集会に出席して意見を述べることができる。
２　前項に規定する場合には、集会を招集する者は、第35条の規定により招集の通知を発した後、遅滞なく集会の日時、場所及び会議の目的たる事項を建物内の見やすい場所に掲示しなければならない。
○解説　マンションを区分所有者から借りている方も、マンションの管理において利害関係が生じてくるときは、集会に参加して意見を言うことができるという定めです。
（規約及び集会の決議の効力）
第46条　規約及び集会の決議は、区分所有者の特定承継人に対しても、この効力を生ずる。
２　占有者は、建物又はその敷地若しくは附属施設の使用方法につき、区分所有者が規約又は集会の議決に基づいて負う義務と同一の義務を負う。
○解説　集会の決議は、そのマンションを購入した方にもその効力は発生します。「私が購入する以前の決議だから関係ない」とは言えないことになります。
また、そのマンションを区分所有者から借りている人も、区分所有者同様の使用方法について義務を負うということです。
第６節　管理組合法人
（成立等）

第47条　第３条に規定する団体は、区分所有者及び議決権の各４分の３以上の多数による集会の決議で法人となる旨並びにその名称及び事務所を定め、かつ、その主たる事務所の所在地において登記をすることによって法人となる。

○解説　管理組合は、集会の決議で、法人にすることも可能です。もちろん、法人にしたから未法人時代の従来の管理組合と内容が大きく変わるものではありません。違いは、法人ということで、財産の明確な区分または対外的な信用という面で違いがあると思います。

（名称）

第48条　管理組合法人は、その名称中に管理組合法人という文字を用いなければならない。

２　管理組合法人でない者は、その名称中に管理組合法人という文字を用いてはならない。

○解説　名称は管理組合法人を名称中につけるということです。

（理事）

第49条　管理組合法人には、理事を置かなければならない。

○解説　管理組合法人は理事を必ず設置することとの定めです。

（監事）

第50条　管理組合法人には、監事を置かなければならない。

○解説　管理組合法人は、監事を必ず設置しなければならないとの定めです。

（監事の代表権）

第51条　管理組合法人と理事との利益が相反する事項については、監事が管理組合法人を代表する。

○解説　監事は、理事のお目付役になると思います。

（事務の執行）

第52条　管理組合法人の事務は、この法律に定めるもののほか、すべて集会の決議によって行う。ただし、この法律に集会の決議につき別の定数が定められている事項及び第57条第2項に規定する事項を除いて、規約で、理事その他の役員が決するものとすることができる。

2　前項の規定にかかわらず、保存行為は、理事が決することができる。

○解説　管理組合法人の事務は、基本的にはすべて集会の決議が必要ですが、日常的な事務は理事会で実施してもよいとの定めです。

（区分所有者の責任）

第53条　管理組合法人の財産をもってその債務を完済することができないときは、区分所有者は、第14条に定める割合と同一の割合で、その債務の弁済の責めに任ずる。ただし、第29条第1項ただし書に規定する負担の割合が定められているときは、その割合による。

○解説　管理組合法人がその財産をもっても、債務を返済できないときは、区分所有者が最終的には責任を取るとの定めです。

（特定承継人の責任）

第54条　区分所有者の特定承継人は、その承継前に生じた管理組合法人の債務についても、その区分所有者が前条の規定により負う責任と同一の責任を負う。

○解説　マンションの区分所有者から購入した方も同じ責任を負うということです。

（解散）

第55条　管理組合法人は、次の事由によって解散する。

1　建物（一部共用部分を共用すべき区分所有者で構成する管理組合法人にあっては、その共用部分）の全部の滅失

2　建物に専有部分がなくなったこと

3　集会の決議

4　前項第3号の決議は、区分所有者及び議決権の各4分の3以上の多数でする。

５　民法第73条から第76条まで及び第78条から第82条まで並びに非訟事件手続法第35条第２項及び第36条から第40条までの規定は、管理組合法人の解散及び清算に準用する。

○解説　管理組合法人は集会の決議で解散もできるということです。

（残余財産の帰属）

第56条　解散した管理組合法人の財産は、規約に別段の定めがある場合を除いて、第14条に定める割合と同一の割合で各区分所有者に帰属する。

○解説　解散法人に残余財産があれば、区分所有者に帰属するということです。

第７節　義務違反者に対する措置

（共同の利益に反する行為の停止等の請求）

第57条　区分所有者が第６条第１項に規定する行為をした場合又はその行為をするおそれがある場合には、他の区分所有者の全員又は管理組合法人は、区分所有者の共同利益のため、その行為を停止し、その行為の結果を除去し、又はその行為を予防するため必要な措置を執ることを請求することができる。

○解説　これはあまり知られていませんが、分譲マンションでは、ある区分所有者や占有者がその他の区分所有者に、共同の利益に反する行為やそのおそれがあるときは、その行為を停止したり、その結果を除去したりすることができると定めています。これは非常に重要な条文で、マンションで目にあまる行為をする方がいるときは、その行為をやめてもらうことができるということです。

（使用禁止の請求）

第58条　前条第１項に規定する場合において、第６条第１項に規定する行為による区分所有者の共同生活上の障害が著しく、前条第１項に規定する請求によってはその障害を除去して共用部分の利用の確保その他区分所有者の共同生活の維持を図る

ことが困難であるときは、他の区分所有者の全員又は管理組合法人は、集会の決議に基づき訴えをもって、相当の期間の当該行為に係る区分所有者による専有部分の使用の禁止を請求することができる。

○解説　これは、ある区分所有者が、例えばマンションの通路に私物をおいて、その他の人たちの共同生活の障害になる場合や、異常な音楽演奏等の騒音の停止など集会の特別決議（4分の3以上）で訴えをもってその禁止を求めることができるという定めです。これも非常に重要な条文であります。

参考に、この条文に基づいた判例を紹介します。

判例「サンルーム撤去請求事件」京都地方裁判所昭和53年3月16日「事案」

区分所有者Yは、専有部分に接し専用仕様が認められているルーフサンテラスに設置してあったY所有の屋外空調機を避難梯子のすぐそばの共用部分に移設した。管理組合Xは、管理規約でバルコニーに構造物を設置することは禁止されており、ルーフテラスはバルコニーと構造上、機能上同一であるとして、管理規約に定められた違反行為の差止めおよび妨害排除の規定に基づき、サンルーム、屋外空調機の撤去を求め訴訟を起こした。

「判決要旨」

裁判所は、原告の請求を認め。Yに対して、サンルームと屋外空調機撤去の判決を言い渡した。管理規約上、ルーフテラスについての明示の規定はないが、専用使用権が認められた共用部分であり、構造上避難場所としての役割を果たしている。したがって、バルコニーと同様の性質を有し、管理規約上はバルコニーと同様の利用形態に制限すべきである。

Yは、ルーフバルコニーにコンクリートを上積みし、アルミサッシ枠を設けてガラスを組み入れ、風雨が入りこまないようにし、床にタイルを張って椅子、机等を置いて利用しているが、このような構造は、ルーフテラスが非常時に果たす役割の重要性に照らし、管理規約で禁止されている構造物に該当する。屋外空調機の設置場所は、Yに専用使用権が認められていない共用部分で、避難梯子のすぐそばであり、非常時に障害となることが予測される。したがって、非常時の重要性に照らし、管理規約に定められた目的に従った使用に違反する。

（区分所有権の競売の請求）

第59条　第57条第1項に規定する場合において、第6条第1項に規定する行為による区分所有者の共同生活上の障害が著しく、他の方法によってはその障害を除去して共用部分の利用の確保その他の区分所有者の共同生活の維持を図ることが困難であるときは、他の区分所有者の全員又は管理組合法人は、集会の決議に基づき、訴えをもって、当該行為に係る区分所有者の区分所有権及び敷地利用権の競売を請求することができる。

○解説　これもマンション独自の強行制裁の1つです。例えば暴力団の集団傷害事件によってマンションから出ていく居住者が続出して、共同生活に重大な支障があるときなど、暴力団が所有するマンションの事務所を競売請求するといったケースなどがあります、ただし、これは集会の特別決議（4分の3）で、裁判の手続を経て実施することになります。マンションの制裁の中では最も厳しい内容の定めです。マンションの権利そのものを奪ってしまうというものです

（占有者に対する引渡し請求）

第60条　第57条第4項に規定する場合において、第6条第3項において準用する同条第1項に規定する行為による区分所有者の共同生活上の障害が著しく、他の方法によってはその障害を除去して共用部分の利用の確保その他の区分所有者の共同生活の維持を図ることが困難であるときは、区分所有者の全員又は管理組合法人は、集会の決に基づき、訴えをもって、当該行為に係る占有者が占有する専有部分の使用又は収益を目的とする契約の解除及びその専有部分の引渡しを請求することができる。

○解説　マンションに借りている占有者でも、共同の利益に反する行為があるときは、これもマンションの集会の特別決議で、裁判上の手続を経て、その賃貸借契約を解除して、マンションから出て行ってもらうこともできることが定められています。このような規定は借地借家法にはないもので、ある意味、借地借家法より厳しい内容といえます。

第8節　復旧及び建替え

（建物の一部が滅失した場合の復旧等）

第61条　建物の価格の2分の1以下に相当する部分が滅失したときは、各区分所有者は、滅失した共用部分及び自己の専有部分を復旧することができる。ただし、共用部分については、復旧の工事に着手するまでに第3項、次条第1項又は第70条第1項の決議があったときは、この限りでない。

○解説　いわゆる復旧・建替えに関する定めで、建物価格の2分の1以下に相当する復旧のときは、各区分所有者は各自で修繕ができると定められています。

（建替え決議）

第62条　集会においては、区分所有者及び議決権の各5分の4以上の多数で、建物を取り壊し、かつ、当該建物の敷地若しくはその一部の土地又は当該建物の敷地の全部若しくは一部を含む土地に新たに建物を建築する旨の決議（以下「建替え決議」という。）をすることができる。

○解説　いわゆる建替えの要件の条文です。これは、集会の決議で最も要件がキツイ5分の4要件が条件になっています。したがって、10戸区分所有者のマンションであれば、8人以上の区分所有者の同意がないと建替えができないということです。逆にいうと、3人反対者がいれば、そのマンションは、現状の日本の法律では、原則として永遠に建替えはできないということになります。

（区分所有権等の売渡し請求等）

第63条　建替え決議があったときは、集会を招集した者は、遅滞なく、建替え決議に賛成しなかった区分所有者（その承継人を含む。）に対し、建替え決議の内容により建替えに参加するか否かを回答すべき旨を書面で催告しなければならない。

○解説　これもあまり知っている方は少ないと思います。これは、先ほどの、建替え決議に賛成しなかった区分所有者に対して、決議が成立したときは、そのマンションを強制的に売り渡してもらうことが定められております。ですから、建替えに反対した方は、反対してもこの売渡請求権によってそのマンションから出ていかなければならないということもいえます。

繰り返しますが、このように、マンションは、結局、一戸建の建物の所有権とか、土地所有権のような所有権絶対というような考えは当てはまらないわけです。

分譲業者が、販売時に「区分所有権は絶対でない、多数決で行く末は決まる」と本当は説明するべきであると思います。しかし、業者は、絶対に口が裂けても説明しないと思います。さらには、管理組合員になって「1票」の議決権の持つ意味さえ説明しないで、すべて購入後その意味を知ることになって　いるのが現状かと思います。

いかがですか。こんな法律知っていましたか。やがてどんな区分所有者の方もご自分のマンションが50年近く経過すれば、対応することになります。逆に、マンションの建替えに反対で、マンションの権利から離脱したいという希望であれば、この売渡請求権の行使により、マンションの権利から離脱できることになります。ですから、投資用マンションとかで、マンションの権利から離脱したいような方はこの段階での離脱も可能です。

付録2　マンション管理の適正化の推進に関する法律

第1章　総則

（目　的）

第1条　この法律は、土地利用の高度化の進展その他国民の住生活を取り巻く環境の変化に伴い、多数の区分所有者が居住するマンションの重要性が増大していることに鑑み、基本方針の策定、マンション管理適正化推進計画の作成及びマンションの管理計画の認定並びにマンション管理士の資格及びマンション管理業者の登録制度等について定めることにより、マンションの管理の適正化の推進を図るとともに、マンションにおける良好な居住環境の確保を図り、もって国民生活の安定向上と国民経済の健全な発展に寄与することを目的とする。

（定義）

第２条　この法律において、次の各号に掲げる用語の意義は、それぞれ当該各号の定めるところによる。

１　マンション　次に掲げる者を言う。

イ　２以上の区分所有者（建物の区分所有等に関する法律（昭和37年法律第69号。以下解説「区分所有法」という。）第二条第二項に規定する区分所有者をいう。以下同じ。）が存する建物で人の居住の用に供する専有部分（区分所有法第二条第三項に規定する専有部分をいう。以下同じ。）のあるもの並びにその敷地及び附属施設

ロ　一団地内の土地又は附属施設（これらに関する権利を含む。）が当該団地内にあるイに掲げる建物を含む数棟の建物の所有者（専有部分のある建物にあっては、区分所有者）の共有に属する場合における当該土地及び附属施設

２　マンションの区分所有者等　前号イに掲げる建物の区分所有者並びに同号ロに掲げる土地及び附属施設の同号ロの所有者をいう。

３　管理組合　マンションの管理を行う区分所有法代三条若しくは第65条に規定する団体又は区分所有法第47条第１項（区分所有法第66条において準用する場合を含む。）に規定する法人をいう。

４　管理者等　区分所有法第25条第１項（区分所有法第66条において準用する場合を含む。）の規定により選任された管理者又は区分所有法第49条第１項（区分所有法第66条において準用する場合を含む。）の規定により置かれた理事をいう。

５　マンション管理士　第30条第１項の登録を受け、マンション管理士の名称を用いて、専門知識をもって、管理組合の運営その他マンションの管理に関し、管理組合の管理者等又はマンションの区分所有者等の相談に応じ、助言、指導その他の援助を行うことを業務（他の法律においてその業務を行うことが制限されているものを除く。）とする者をいう。

６　管理事務　マンションの管理に関する事務であって基幹事務（管理組合の会計の収入及び支出の調定及び出納並びにマンション（専有部分を除く。）の維持又は修繕に関する企画又は実施の調整をいう。以下同じ。）を含むものをいう。

7　マンション管理業　管理組合から委託を受けて管理事務を行う行為で業として行うもの（マンションの区分所有者等が当該マンションについて行うものを除く。）をいう。

8　マンション管理業者　第44条の登録を受けてマンション管理業を営む者をいう。

9　管理業務主任者　第60条第1項に規定する管理業務主任者証の交付を受けた者をいう。

（基本方針）

第3条　国土交通大臣は、マンションの管理の適正化の推進を図るための基本的な方針（以下「基本方針」という。）を定めなければならない。

2　基本方針においては、次に掲げる事項を定めるものとする。

一　マンションの管理の適正化の推進に関する基本的な事項

二　マンションの管理の適正化に関する目標の設定に関する事項

三　管理組合によるマンションの管理の適正化に関する基本的な指針（以下「マンション管理適正化指針」という。）に関する事項

四　マンションがその建設後相当の期間が経過した場合その他の場合において当該マンションの建替えその他の措置が必要なときにおけるマンションの建替えその他の措置に向けたマンションの区分所有者等の合意形成の促進に関する事項（前号に掲げる事項を除く。）

五　マンションの管理の適正化に関する啓発及び知識の普及に関する基本的な事項

六　次条第一項に規定するマンション管理適正化推進計画の策定に関する基本的な事項その他マンションの管理の適正化の推進に関する重要事項

（マンション管理適正化推進計画）

第3条の2　都道府県（市の区域内にあっては当該市、町村であって第百四条の二第一項の規定により同項に規定するマンショ

ン管理適正化推進行政事務を処理する町村の区域内にあっては当該町村。以下「都道府県等」という。）は、基本方針に基づき、当該都道府県等の区域内におけるマンションの管理の適正化の推進を図るための計画（以下「マンション管理適正化推進計画」という。）を作成することができる。

〇解説〉この第3条が大幅に改正され、マンション管理適正化の取組が明確にされました。それに伴い管理組合等の努力義務も第5条で課せられることになりました。従って令和4年4月施行ですが今後は適正化の指針にそった管理組合運営が求められてきます。

（管理組合等の努力）

第5条　管理組合は、マンション管理適正化指針（管理組合がマンション管理適正化推進計画が作成されている都道府県等の区域内にある場合にあっては、マンション管理適正化指針及び都道府県等マンション管理適正化指針。次条において同じ。）の定めるところに留意して、マンションを適正に管理するよう自ら努めるとともに、国及び地方公共団体が講ずるマンションの管理の適正化の推進に関する施策に協力するよう努めなければならない。

（管理計画の認定）

第5条の3　管理組合の管理者等は、国土交通省令で定めるところにより、当該管理組合によるマンションの管理に関する計画（以下「管理計画」という。）を作成し、マンション管理適正化推進計画を作成した都道府県等の長（以下「計画作成都道府県知事等」という。）の認定を申請することができる。

2　管理計画には、次に掲げる事項を記載しなければならない。

一　当該マンションの修繕その他の管理の方法

二　当該マンションの修繕その他の管理に係る資金計画

三　当該マンションの管理組合の運営の状況

四　その他国土交通省令で定める事項

（認定基準）
第５条の４　計画作成都道府県知事等は、前条第一項の認定の申請があった場合において、当該申請に係る管理計画が次に掲げる基準に適合すると認めるときは、その認定をすることができる。
一　マンションの修繕その他の管理の方法が国土交通省令で定める基準に適合するものであること。
二　資金計画がマンションの修繕その他の管理を確実に遂行するため適切なものであること。
三　管理組合の運営の状況が国土交通省令で定める基準に適合するものであること。
四　その他マンション管理適正化指針及び都道府県等マンション管理適正化指針に照らして適切なものであること。
（改善命令）
第５条の９　計画作成都道府県知事等は、認定管理者等が認定管理計画に従って管理計画認定マンションの管理を行っていないと認めるときは、当該認定管理者等に対し、相当の期限を定めて、その改善に必要な措置を命ずることができる。
○解説　第5条では管理組合の具体的な管理計画の作成基準や認定基準などが記載されております。計画認定は任意でありますが、今後マンションの売却等マンションの対外的な評価を考えるのであれば、この管理計画の認定をうけておくことは今後重要な取組になってくるものと思われます。
この5条の管理計画の認定の令和4年4月からの法改正は、マンションの管理組合のコンサルタントであるマンション管理士にとっては、今後大変大きな影響を与える条文になってくると思われます。

第2章　マンション管理士

第１節　資格

第６条　マンション管理士試験（以下この章において「試験」という。）に合格した者は、マンション管理士となる資格を有する。

○解説　管理適正化法で平成13年にできた資格で、いわゆるマンション管理のコンサルタントです。

第2節　試験

（試験）

第7条　試験は、マンション管理士として必要な知識について行う。

2　国土交通省令で定める資格を有する者に対しては、国土交通省令で定めるところにより、試験の一部を免除することができる。

○解説　試験で選考するわけですが、合格率は毎年8％前後です。

（試験の実施）

第8条　試験は、毎年1回以上、国土交通大臣が行う。

第3節　登録

（登録）

第30条　マンション管理士となる資格を有する者は、国土交通大臣の登録を受けることができる。ただし、次の各号のいずれかに該当する者については、この限りではない。

1　禁錮以上の刑に処せられ、その執行を終わり、又は執行を受けることがなくなった日から2年を経過しない者

2　この法律の規定により罰金の刑に処せられ、その執行を終わり、又は執行を受けることがなくなった日から2年を経過しない者

3　第33条第1項第2号又は第2項の規定により登録を取り消され、その取消しの日から2年を経過しない者

4　第65条第1項第2号から第4号まで又は同条第2項第2号若しくは第3号のいずれかに該当することにより第59条第1

項の登録を取り消され、その取消しの日から2年を経過しない者
5 第83条第2号又は第3号に該当することによりマンション管理業者の登録を取り消され、その取消しの日から2年を経過しない者（当該登録を取り消された者が法人である場合においては、当該取消しの日前30日以内にその法人の役員（業務を執行する社員、取締役、執行役又はこれらに準ずる者をいう。第3章において同じ。）であった者で当該取消しの日から2年を経過しない者）
6 心身の故障によりマンション管理士の業務を適正に行うことができない者として国土交通省令で定める者
○解説 マンション管理士の登録条件です。一般的に士業の場合、破産者は欠格条件になりますが、マンション管理士は例外になっています。

（マンション管理士登録証）
第31条 国土交通大臣は、マンション管理士の登録をしたときは、申請者に前条第2項に規定する事項を記載したマンション管理士登録証（以下「登録証」という。）を交付する。
○解説 マンション管理士は登録証を持つことになります。

（登録の取消し等）
第33条 国土交通大臣は、マンション管理士が次の各号のいずれかに該当するときは、その登録を取り消さなければならない。
1 第30条第1項各号（第4号を除く。）のいずれかに該当するに至ったとき。
2 偽りその他不正の手段により登録を受けたとき。
2 国土交通大臣は、マンション管理士が第40条から第42条までの規定に違反したときは、その登録を取り消し、又は期間を定めてマンション管理士の名称の使用の停止を命ずることができる。

（登録の削除）
第34条 国土交通大臣は、マンション管理士の登録がその効力を失ったときは、その登録を削除しなければならない。

第4節　義務等

（信用失墜行為の禁止）

第40条　マンション管理士は、マンション管理士の信用を傷つけるような行為をしてはならない。

○解説　マンション管理士の信用の定めです。

（講習）

第41条　マンション管理士は、国土交通省令で定める期間ごとに、次条から第41条の4までの規定により国土交通大臣の登録を受けた者（以下この節において「登録講習機関」という。）が国土交通省令で定めるところにより行う講習（以下この節において「講習」という。）を受けなければならない。

○解説　マンション管理士が5年に1回の講習を受ける義務を定めています。

（登録）

第41条の2　前条の登録は、講習の実施に関する事務（以下この節において「講習事務」という。）を行おうとする者の申請により行う。

第3章　マンション管理業

第1節　登録

（登録）

第44条　マンション管理業を営もうとする者は、国土交通省に備えるマンション管理業者登録簿に登録を受けなければならない。

2　マンション管理業者の登録の有効期間は、5年とする。

3　前項の有効期間の満了後引き続きマンション管理業を営もうとする者は、更新の登録を受けなければならない。
4　更新の登録の申請があった場合において、第2項の有効期間の満了の日までにその申請に対する処分がなされないときは、従前の登録は、同項の有効期間の満了後もその処分がなされるまでの間は、なお効力を有する。
5　前項の場合において、更新の登録がなされたときは、その登録の有効期間は、従前の登録の有効期間の満了の日の翌日から起算するものとする。

○解説　マンション管理業者の定めですが、5年ごとに更新を受けなければならないと定められています。

（登録の申請）
第45条　前条第1項又は第3項の規定により登録を受けようとする者（以下「登録申請者」という。）は、国土交通大臣に次に掲げる事項を記載した登録申請書を提出しなければならない。
1　商号、名称又は氏名及び住所
2　事務所（本店、支店その他の国土交通省令で定めるものをいう。以下この章において同じ。）の名称及び所在地並びに当該事務所が第56条第1項ただし書きに規定する事務所であるかどうかの別
3　法人である場合においては、その役員の氏名
4　未成年者である場合においては、その法定代理人の氏名及び住所
5　第56条第1項の規定により第2号の事務所ごとに置かれる成年者である専任の管理業務主任者（同条第2項の規定によりその者とみなされる者を含む。）の氏名
2　前項の登録申請書には、登録申請者が第47条各号のいずれにも該当しない者であることを誓約する書面その他国土交通省令で定める書類を添付しなければならない。

（マンション管理業者登録簿等の閲覧）
第49条　国土交通大臣は、国土交通省令で定めるところにより、マンション管理業者登録簿その他国土交通省令で定める書類

を一般の閲覧に供しなければならない。

○解説　マンション管理業者の登録簿を閲覧できる定めです。この業者は大丈夫かといったことを調べるときに役に立つと思います。

（名義貸しの禁止）

第54条　マンション管理業者は、自己の名義をもって、他人にマンション管理業を営ませてはならない。

○解説　マンション管理業者が名義を貸すことは、禁止されています。

第2節　管理業務主任者

（管理業務主任者の設置）

第56条　マンション管理業者は、その事務所ごとに、事務所の規模を考慮して国土交通省令で定める数の成年者である専任の管理業務主任者を置かなければならない。ただし、人の居住の用に供する独立部分（区分所有法第1条に規定する建物の部分をいう。以下同じ。）が国土交通省令で定める数以上である第2条第1号イに掲げる建物の区分所有者を構成員に含む管理組合から委託を受けて行う管理事務を、その業務としない事務所については、この限りでない。

○解説　管理適正化法で新しくマンション管理士と同様にできた資格で、管理会社で管理の専門の仕事をする方です。不動産会社の宅地建物取引士のイメージです。

（試験）

第57条　管理業務主任者試験（以下この節において「試験」という。）は、管理業務主任者として必要な知識について行う。

2　第7条第2項及び第8条から第10条までの規定は、試験について準用する。

○解説　この資格も、試験の選考になります。合格率は毎年20％前後かと思います。

（登録）

第59条　試験に合格した者で、管理事務に関し国土交通省令で定める期間以上の実務の経験を有するもの又は国土交通大臣がその実務の経験を有するものと同等以上の能力を有すると認めたものは、国土交通大臣の登録を受けることができる。ただし、次の各号のいずれかに該当する者については、この限りではない。

1　成年被後見人若しくは被保佐人又は破産者で復権を得ないもの

2　禁錮以上の刑に処させられ、その執行を終わり、又は執行を受けることがなくなった日から2年を経過しない者

3　この法律の規定により罰金の刑に処せられ、その執行を終わり、又は執行を受けることがなくなった日から2年を経過しない者

4　第33条第1項第2号又は第2項の規定によりマンション管理士の登録を取り消され、その取消しの日から2年を経過しない者

5　第65条第1項第2号から第4号まで又は同条第2項第2号若しくは第3号のいずれかに該当することにより登録を取り消され、その取消しの日から2年を経過しない者

6　第83条第2号又は第3号に該当することによりマンション管理業務者の登録を取り消されその取消しの日から2年を経過しない者（当該登録を取り消された者が法人である場合においては、当該取消しの日前30日以内にその法人の役員であった者で当該取消しの日から2年を経過しないもの）

○解説　マンション管理士とほぼ同一の登録条件ですが、主任者のときは破産者はダメになっています。

（管理業務主任者証の交付等）

第60条　前条第一項の登録を受けている者は、国土交通大臣に対し、氏名、生年月日その他国土交通省令で定める事項を記載した管理業務主任者証の交付を申請することができる。

○解説　この主任者も主任者証の交付を受けることとなっています。

（重要事項の説明等）

第72条　マンション管理業者は、管理組合から管理事務の委託を受けることを内容とする契約（新たに建設されたマンションの当該建設工事の完了の日から国土交通省令で定める期間を経過する日までの間に契約期間が満了するものを除く。以下「管理受託契約」という。）を締結しようとするとき（次項に規定するときを除く。）は、あらかじめ、国土交通省令で定めるところにより説明会を開催し、当該管理組合を構成するマンションの区分所有者等及び当該管理組合の管理者等に対し、管理業務主任者をして、管理受託契約の内容及びその履行に関する事項であって国土交通省令で定めるもの（以下「重要事項」という。）について説明をさせなければならない。この場合において、マンション管理業者は、当該説明の日の1週間前までに、当該管理組合を構成するマンションの区分所有者等及び当該管理組合の管理者等の全員に対し、重要事項並びに説明会の日時及び場所を記載した書面を交付しなければならない。

○解説　宅地建物取引士と同じように、重要事項を説明するときには、書面交付の義務が課せられています。

（契約の成立時の書面の交付）

第73条　マンション管理業者は、管理組合から管理事務の委託を受けることを内容とする契約を締結したときは、当該管理組合の管理者等（当該マンション管理業者が当該管理組合の管理者等である場合又は当該管理組合に管理者等が置かれていない場合にあっては、当該管理組合を構成するマンションの区分所有者等全員）に対し、遅滞なく、次に掲げる事項を記載した書面を交付しなければならない。

○解説　契約の成立時も書面交付の義務が課せられています。

（財産の分別管理）

第76条　マンション管理業者は、管理組合から委託を受けて管理する修繕積立金その他国土交通省令で定める財産については、整然と管理する方法として国土交通省令で定める方法により、自己の固有財産及び他の管理組合の財産と分別して管理しなければならない。

○解説　財産の分別管理の義務が定められております。この管理の問題は非常に重要で、あいまいにすると、理事長とか管理会社が修繕積立金などを使い込んでしまうといった事件になることも十分考えられます。
この使込みの事件は、数年前に金沢でもあり、新聞社からこのような事件をどう思うかとの取材を受けたこともありました。
ご参考のためその事件の事例は、管理会社が銀行の残高証明書を偽造して約5億円横領したという事件でした。今でもこのような分別管理があいまいなマンションは結構あるのではないかと思います。
仮に修繕積立金1億円について、管理会社か理事長が横領したら、そのお金は2度と管理組合に戻ってくることはないと思います。具体的には、通帳と銀行印などを日常からしっかり管理しておく体制づくりが非常に重要なことになってきます。

（書類の閲覧）

第79条　マンション管理業者は、国土交通省で定めるところにより、当該マンション管理業者の業務及び財産の状況を記載した書類をその事務所ごとに備え置き、その業務に係る関係者の求めに応じ、これを閲覧させなければならない。

○解説　管理業者は、関係者から事業の状況の書類の閲覧を求められたら拒めないとの定めです。

（秘密保持義務）

第80条　マンション管理業者は、正当な理由がなく、その業務に関して知り得た秘密を漏らしてはならない。マンション管理業者でなくなった後においても、同様とする。

○解説　マンションの管理業者は、事業をやめたあとも、顧客の秘密をもらしてはならないと定められています。

第4節　監督

（指示）

第81条　国土交通大臣は、マンション管理業者が次の各号のいずれかに該当するとき、又はこの法律の規定に違反したときは、当該マンション管理業者に対し、必要な指示をすることができる。

1　業務に関し、管理組合又はマンションの区分所有者等に損害を与えたとき、又は損害を与えるおそれが大であるとき。

2　業務に関し、その公正を害する行為をしたとき又はその公正を害するおそれが大であるとき。
3　業務に関し他の法令に違反し、マンション管理業者として不適当であると認められるとき。
4　管理業務主任者が第64条又は第65条第1項の規定による処分を受けた場合において、マンション管理業者の責めに帰すべき理由があるとき。

○解説　大臣の業者に対する指示の定めです。不当な扱いを受けたときは、国土交通大臣に申し立てることをおすすめします。

（業務停止命令）
第82条　国土交通大臣は、マンション管理業者が次の各号のいずれかに該当するときは、当該マンション管理業者に対し、1年以内の期間を定めて、その業務の全部又は1部の停止を命ずることができる。

○解説　大臣の業務停止の定めです。

（証明書の携帯等）
第88条　マンション管理業者は、国土交通省令で定めるところにより、使用人その他の従業者に、その従業者であることを証する証明書を携帯させなければ、その者をその業務に従事させてはならない。

○解説　管理業者の従業員の証明書の携帯の義務規定の定めです。

第4章　マンション管理適正化推進センター

（指定）
第91条　国土交通大臣は、管理組合によるマンションの管理の適正化の推進に寄与することを目的として民法第34条の規定により設立された財団法人であって、次条に規定する業務（以下「管理適正化業務」という。）に関し次に掲げる基準に適合すると認められるものを、その申請により、全国に一を限って、マンション管理適正化推進センター（以下「センター」

という。）として指定することができる。

1　職員、管理適正化業務の実施の方法その他の事項についての管理適正化業務の実施に関する計画が、管理適正化業務の適正かつ確実な実施のために適切なものであること。

2　前号の管理適正化業務の実施に関する計画の適正かつ確実な実施に必要な経理的及び技術的な基礎を有するものであること。

○解説　マンション管理適正化センターの定めです。

（業務）

第92条　センターは、次に掲げる業務を行うものとする。

1　マンションの管理に関する情報及び資料の収集及び整理をし、並びにこれらを管理組合の管理者等その他の関係者に対し提供すること。

2　マンションの管理の適正化に関し、管理組合の管理者等その他の関係者に対し技術的な支援を行うこと。

3　マンションの管理の適正化に関し、管理組合の管理者等その他の関係者に対し講習を行うこと。

4　マンションの管理に関する苦情の処理のために必要な指導及び助言を行うこと。

5　マンションの管理に関する調査及び研究を行うこと。

6　マンションの管理の適正化の推進に資する啓発活動及び広報活動を行うこと。

7　前各号に掲げるもののほか、マンションの管理の適正化の推進に資する業務を行うこと。

○解説　要するにマンションの管理を適正に行っていく機関です。

第5章　マンション管理業者の団体

（指定）

第95条　国土交通大臣は、マンション管理業者の業務の改善向上を図ることを目的とし、かつ、マンション管理業者を社員とする民法第34条の規定により設立された社団法人であって、次項に規定する業務を適正かつ確実に行うことができると認められるものを、その申請により、同項に規定する業務を行う者として指定することができる。
2　前項の指定を受けた法人（以下「指定法人」という。）は、次に掲げる業務を行うものとする。
1　社員の営む業務に関し、社員に対し、この法律又はこの法律に基づく命令を遵守させるための指導、勧告その他の業務を行うこと。
2　社員の営む業務に関する管理組合等からの苦情の解決を行うこと。
3　管理業務主任者その他マンション管理業の業務に従事し、又は従事しようとする者に対し、研修を行うこと。
4　マンション管理業の健全な発達を図るための調査及び研究を行うこと。
5　前各号に掲げるもののほか、マンション管理業者の業務の改善向上を図るために必要な業務を行うこと。
3　指定法人は、前項の業務のほか、国土交通省令で定めるところにより、社員であるマンション管理業者との契約により、当該マンション管理業者が管理組合又はマンションの区分所有者等から受領した管理費、修繕積立金等の返還債務を負うこととなった場合において、その返還債務を保証する業務（以下「保証業務」という。）を行うことができる。
○解説　現在、この団体は、社団法人高層住宅管理業協会が運営しています。
（保証業務の承認等）
第97条　指定法人は、保証業務を行う場合において、あらかじめ、国土交通省令で定めるところにより、国土交通大臣の承認を受けなければならない。
2　前項の承認を受けた指定法人は、保証業務を廃止したときは、その旨を国土交通大臣に届け出なければならない。
○解説　この団体は、修繕積立金などの保全を図る目的で、保証業務も請け負っています。

著者略歴

三村　正夫（みむら　まさお）

福井県福井市生まれ。芝浦工業大学卒業後、昭和55年日本生命保険相互会社に入社し、販売関係の仕事に22年間従事した。その後、平成15年に早期定年退職し、100歳まで生涯現役を誓い、金沢で社会保険労務士として独立開業。10年前からは、北陸では初めてのマンション管理人養成講座をスタートし、約200名の卒業生を育成。平成15年、北陸マンション管理士会を立ち上げ、平成24年4月からは一般社団法人石川県マンション管理士会として法人化し、初代代表理事となる。

信念は、「人生は、自分の思い描いたとおりになる」。

マンション管理士、管理業務主任者、宅地建物取引主任者、特定社会保険労務士、行政書士など22種の資格を取得。

株式会社三村式経営労務研究所代表取締役、三村社会保険労務士事務所所長、一般社団法人石川県マンション管理士会代表理事。

著書には、『改訂版　サッと作れる小規模企業の就業規則』『改訂版　サッと作れる小規模企業の賃金制度』（いずれも、経営書院刊）、『ブラック役場化する職場―知られざる非正規公務員の実態』（労働調査会刊）、『改訂版　マンション管理人の仕事とルールがよくわかる本』『超人手不足時代がやってきた！　小さな会社の働き方改革・どうすればいいのか』『誰もが一個の天才　コロナウイルスなどに負けない「生き方・働き方」』『改訂版　熟年離婚と年金分割―熟年夫のあなた、コロナ離婚などないと思い違いをしていませんか』『改訂版　生の年金・死の年金　人生100年時代の年金人生　死亡時期でこんなに変わる年金受給』（いずれも、セルバ出版刊）などがある。

改訂新版　マンション管理士の仕事と開業がわかる本

2018年6月20日 初版発行　2019年4月24日 改訂版発行
2021年11月19日 改訂新版 初版発行　2023年5月8日 改訂新版 第2刷発行

著　者　三村　正夫　©Masao Mimura
発行人　森　忠順
発行所　株式会社 セルバ出版
〒113-0034
東京都文京区湯島1丁目12番6号 高関ビル5B
☎ 03（5812）1178　FAX 03（5812）1188
http://www.seluba.co.jp/
発　売　株式会社 三省堂書店／創英社
〒101-0051
東京都千代田区神田神保町1丁目1番地
☎ 03（3291）2295　FAX 03（3292）7687

印刷・製本　株式会社 丸井工文社

Printed in JAPAN
ISBN978-4-86367-714-2